Channeling für Einsteiger

Wie man seinen Spirituellen Führer findet und mit ihm kommuniziert

von
André und Melissa Bónya

Weitere Bücher der Autoren:

Schutz vor Geistern und anderen unerwünschten Kontakten mit Wesen aus anderen Welten, *von André & Melissa Bónya*, Bohmeier Verlag

Tod als Selbstlüge oder unser neues Leben danach Gespräche mit Geistwesen und Schutzgeistern über den TOD *von Andrè und Melissa Bónya*, Bohmeier Verlag

Ängste erfolgreich besiegen! Zum Ursprung deiner Angst und zurück zur Freiheit Schutzgeister und andere jenseitige Helfer erteilen praktische Ratschläge zur Angstbewältigung *von Andrè und Melissa Bónya*, Bohmeier Verlag

Die Magie und Kraft der Gedanken - Ein praktischer Ratgeber für innere Ruhe, Erfolg, Glück und Kraft... *von Melissa und André Bónya*, Bohmeier Verlag

Schutz-, Fopp, und Poltergeister sowie andere Erscheinungen, und wie man mit Ihnen umgeht *von Melissa Bónya*, Bohmeier Verlag

Schutzgeistkontakte leicht gemacht *von Melissa Bóya und André Bónya*, Bohmeier Verlag

Das Schutzgeister-Traumbuch *von Melissa Bónya und André Bónya*, Bohmeier Verlag

Das neue Jahrtausend *von Melissa und André Bónya*, Bohmeier Verlag

Gespräche mit Maria - Ein phantastisches Channeling über unsere Vergangenheit und die nächste Zukunft unserer Erde *von André Bónya*, Bohmeier Verlag

Channeling für Einsteiger - Wie man seinen Spirituellen Führer findet und mit ihm kommuniziert *von Melissa und André Bónya*, Bohmeier Verlag

Darüberhinaus sind weitere Bücher der Autoren im *Smaragd Verlag* erschienen:

Das Atlantis Orakel, ISBN 3-934254-49-7 M. Bónya - Smaragd Verlag

Amulette und magische Rituale, ISBN 3-934254-35-7 M. Bónya - Smaragd Verlag

Erotische Düfte u. sinnliche Räucherungen, ISBN 3-94254-40-3 M. Bónya - Smaragd Verlag

Schönheit aus der Hexenküche, ISBN 3-934254-25-X M. Bónya - Smaragd Verlag

Die schlanke Hexenküche, ISBN 3-934254-21-7 M. Bónya - Smaragd Verlag

Noch mal durchstarten, Tipps und Tricks für die Wechseljahre, ISBN 3-934254-53-5 - Smaragd Verlag

Das Geheimnis der Templer, ISBN 3-934254-47-0 Lara Moran (M. Bónya) - Smaragd Verlag

Der Sohn des Elfenkönigs, ISBN 3-934254-48-9 Lara Moran (M. Bónya) - Smaragd Verlag

Gottes erste Ritter, ISBN 3-934254-52-7 André Bónya - - Smaragd Verlag

---

© **2. Auflage, Copyright 2006 by Bohmeier Verlag, Germany-23564 Lübeck, Hüxtertorallee 37, Tel.: +49 (0) 451-74993 - Fax: +49 (0) 451-74996, und immer erreichbar unter Fon: 0700-62442578 und unter unserer Internet-Homepage:** www.magick-pur.de

© **Covergesamtkonzeption und Ausführung von J.A. Davis.**

Gesamtherstellung: Bohmeier Verlag, Printed in Germany

ISBN 3-89094-368-3

Channeling für Einsteiger

Wie man seinen Spirituellen Führer findet und mit ihm kommuniziert

von
André und Melissa Bónya

Inhaltsverzeichnis

Einleitung: Verschiedene Ziele bei der "Reise ins eigene Innere" 7

Teil 1: Kontaktaufnahme für Anfänger 16
    Wann beginne ich mit meiner Arbeit? 17
    Die Suche nach dem spirituellen Führer und die dafür nötigen Vorbereitungen 20
    Räucherwerk und Kleidung für den bevorstehenden Kontakt 22
    „Der zweckmäßig gestaltete Arbeitsbereich" 25
    „Entspannen vor der Kontaktaufnahme" 27
    „Die Kontaktaufnahme kann beginnen" 32
    Der spirituelle Führer „will" sich nicht „melden"? 34
    – Dann suchen Sie ihn! 35
    Wenn Sie wissen, wie Ihr spiritueller Führer aussieht 37
    Was, falls Sie vor dem Kontakt durch die entspannende Meditation einschlafen? .. 38
    Wie viel „Zeit" hat man während einer Kontaktaufnahme? 38
    Wie geht es nach der ersten Kontaktaufnahme weiter? 40

Teil 2: Kontaktaufnahme für Fortgeschrittene - Kontinuierlicher Ausbau ...41
    Eine unterstützende Maßnahme: Das Tragen eines Edelsteins 41
    Räucherungen, die Ihre medialen Fähigkeiten stimulieren 42
    Bäume und Energie 45
    Wie finde ich „meinen" Baum? 47
    Suchen Sie Kult- und Kraftplätze auf! 49
    Kraftplatz als Energiequelle 50
    Ein Energiekreis aus reinen Bergkristallen 51
    Die Kraft der Steine nutzbar machen 52
    Der Aufenthalt im Energiefeld 53
    Der Zusammenschluss mehrerer gleichgesinnter Personen 54
    Gruppen-Kontaktaufnahme 57
    Reinigung und Aufbewahrung des Gruppen-Amethysts 61
    Mentale Reisen in vergangene Leben 63
    Die Pyritscheibe als Energieoptimierer 65

Teil 3: Auf die Hohe See der spirituellen Ebene 67
    Spielregeln zum Umgang mit Wesen der anderen Seinsebene 69
    Vorbereitungen zur Kontaktaufnahme der etwas anderen Art 71
    Verschiedene Möglichkeiten der Kontaktaufnahme 72
    Noch ein wenig Gruppenarbeit! 83
    Die Seance 85

Teil 4: Schutz vor negativen Wesen 86
    Das Gebet 87
    Schutz durch Energiearbeit 88
    Der mental erzeugte Schutzschirm 91
    Der Körperschutzschirm 92
    Der Weg ins „Licht" 93

Schlussworte 94

Einleitung:
Verschiedene Ziele bei der "Reise ins eigene Innere"

Seit Beginn seiner materiellen Existenz ist es dem Menschen ein unleugbares Bedürfnis, Kontakte in jene Regionen einer kaum erforschten Seinsebenen zu knüpfen, die seinem bewussten Denken einerseits sehr fern und andererseits sehr nah sind. Fern deshalb, weil der Mensch meist in einer Welt des materiellen Begreifens und Denkens lebt und deshalb alles, was um ihn herum, aber außerhalb seiner materiellen Welt existiert, wohl erahnen und erhoffen, jedoch nur in den seltensten Fällen „empfangen" und dann auch nutzen kann. Nah deshalb, weil diese andere „Welt" genauso existent ist wie die unsere und deren Schwingungen Tag für Tag das Leben auf unserer Ebene beeinflussen, ohne dass wir davon Notiz nehmen.

Bisher war es nur wenigen Menschen möglich, dieses Wissen und diese kaum wahrnehmbaren Schwingungen der anderen Ebene für sich selbst oder Menschen nutzbar zu machen, die zu ihnen kamen und kommen, weil sie sich Hilfe versprechen. Diese „jenseitige" Ebene - jenseitig nur deshalb, weil sie in aller Regel jenseits dessen liegt was die meisten Menschen sich vorzustellen vermögen - wurde und wird Tag für Tag mittels verschiedenster Techniken um Rat und Hilfe in schwierigen Lebenslagen gebeten, und das, obwohl erstaunlicher Weise ein großer Teil der Menschheit und ein noch viel größerer Teil der Wissenschaft noch immer nicht an ihre Existenz glauben mag. Lange Zeit blieb es deshalb eben nur jenen medial begabten und veranlagten Menschen vorbehalten, den gewünschten Kontakt zu spirituellen Wesenheiten aufzunehmen, um auf diese Weise deren Informationen an jene weiterzuleiten, die um deren Rat nachsuchten. Allerdings wird das angebrochene Zeitalter einen beachtlichen Teil dazu beitragen, ein längst überfälliges Umdenken in den Köpfen vieler Menschen zu bewirken und so auch jene zu erreichen, deren Geist noch immer an vergänglichem und vergangenem Denken festhält. Für kommende Generationen wird die Existenz anderer Welten, anderer Wesen und Dimensionen und natürlich auch die regelmäßige Kontaktaufnahme dorthin so normal und selbstverständlich sein, wie es für den heutigen Menschen normal ist, durch den Einsatz moderner Kommunikationstechniken einander die neuesten Begebenheiten aus dem Alltagsgeschehen mitzuteilen .

Dieses Buch ist für all diejenigen, die dem heutigen Denken und Handeln bereits einen oder mehrere Schritte voraus sind oder voraus sein möchten und die schon heute gerne das zur Anwendung bringen wollen, was für kommende Generationen ganz normal sein wird. Die Fähigkeit dazu ist im Geist der meisten Menschen bereits in ausreichendem Maße vorhanden, sie muss nur aufgespürt, trainiert und dann natürlich auch angewendet werden. Wie das im Einzelnen vor sich geht und welchen großen Nutzen Sie daraus ziehen können, soll Ihnen dieses Buch vermitteln. Es kann dem Menschen als Ratgeber und Lehrbuch dafür dienen, sein tiefstes Inneres genauso zu befragen wie dessen spirituellen Führer, der seinem Schützling, wann immer dieser es möchte, in Fragen des Lebens immer gerne mit Rat und Hilfe zur Seite steht. Auf diese Weise bekommt der Mensch ausreichend Gelegenheit, seinem momentanen Wissen ein beachtliches Stück hinzuzufügen, ohne dass er dadurch anderen schadet oder gar selbst Schaden erleidet. Er hat somit eine hilfreiche Möglichkeit zur Hand, vieles über sich selbst zu erfahren und zu lernen, was auf Dauer sowohl in seiner persönlichen als auch in seiner materiellen Entwicklung enormen Nutzen bringen wird!

All denen, die es lesen und die darin enthaltenen Informationen für sich nutzen, wird dieses Buch etwas mehr an geistiger Freiheit verschaffen, indem es die meist wohl behüteten „Geheimnisse" um das Kontaktieren höherer Schwingungen lüftet und damit das „Angewiesensein" auf das (manchmal leider eher zweifelhafte) Können medial begabter Personen unnötig macht oder zumindest auf ein Mindestmaß reduziert. Wie bereits erwähnt, „schläft" die Befähigung der Kontaktaufnahme in den meisten Menschen und wartet im Grunde genommen nur darauf, mittels geeigneter Techniken aufgespürt, geweckt, trainiert und dann zur Anwendung gebracht zu werden.

Allerdings muss an dieser Stelle deutlich darauf hingewiesen werden, dass diese Fähigkeit wohl nutzbringend und effektiv ist, sich aber kaum mit der Begabung eines von Natur aus wachen und tätigen Mediums vergleichen lässt. Denn wie überall im Leben hat es die Natur auch hier so eingerichtet, dass die Talente und Anlagen für bestimmte Dinge zwar vorhanden, aber bei jedem Menschen unterschiedlich intensiv ausgeprägt und daher auch unterschiedlich intensiv nutzbar sind. Jene Menschen also, die bereits von Geburt an über ein hohes Maß an medialen Fähigkeiten verfügen, werden folglich immer im Vorteil gegenüber denjenigen sein, die diese Fähigkeit erst nach und nach ins Bewusstsein rufen und sich der Mühe regelmäßigen Trainings unterziehen müssen. Es soll an dieser Stelle ebenfalls nicht verheimlicht werden, dass es für viele Menschen tatsächlich nicht leicht sein wird, die in ihnen schlafende Begabung des Kontaktierens und der Reise zum Aufenthaltsort der menschlichen Seele zu erlernen und zu fördern. Es wird allerdings auf Dauer auch kein Geheimnis bleiben, dass diese anfängliche Mühe, die man sich auferlegt, durchaus lohnend ist.

Aller Anfang ist schwer! Der Satz "Es ist noch kein Meister vom Himmel gefallen" trifft hier genauso zu wie auf die meisten Bereiche des täglichen Lebens mit all seinen Höhen und Tiefen. Allerdings macht der Himmel ja auch keine Meister. Einzig unser konsequenter Wille ist dafür verantwortlich. Es werden gewiss auch Tage kommen, an denen Sie noch nicht einmal den leisesten Hauch einer Kontaktaufnahme verspüren können, selbst dann nicht, wenn Sie die Zeit der Ausbildung Ihrer medialen Anlagen in Ihren Augen schon lange abgeschlossen haben. Es wird selbstverständlich auch unzählige Tage in Ihrem Leben geben, an denen Sie in schöner Regelmäßigkeit an Ihrem Können zweifeln (und verzweifeln) werden, und leider wird dann niemand für Sie da sein, der Sie tröstend vom Gegenteil überzeugen kann. Derartige vermeintliche Rückschläge sind aber vollkommen normal und sie werden, so wie sie gekommen sind, auch wieder vergehen. Das Wichtigste in einer derartigen Situation ist immer, Ruhe zu bewahren. Auf keinen Fall sollte man etwas gewaltsam erzwingen wollen! Zwang wäre in diesem Fall das denkbar ungeeignetste Mittel, da sich weder die jenseitige Ebene bzw. deren „Bewohner" noch der eigene Geist und das eigene Können gewaltsam zu etwas bewegen lassen.

Doch bevor es überhaupt soweit ist, dass Sie Zugang zu dieser Ebene finden, werden Sie sich sicherlich zunächst einmal auf die Suche nach Ihrer schlafenden Begabung machen und diese zum „Erwachen" bringen. Zweifelsohne kann man feststellen, dass ein Suchen und Wecken derartiger Fähigkeiten in jedem beliebigen Alter möglich ist. Besonders einfach jedoch wird es vonstatten gehen, je früher im Leben der Suchende mit seiner mentalen Arbeit beginnt. Dies hat aber nichts mit dem logischen Denkvermögen eines Menschen zu tun, denn Logik ist keine Frage des Alters, sondern der Veranlagung. Es hat vielmehr damit zu tun, dass sich der Mensch mit zunehmendem Alter manchen Dingen des Lebens gegenüber zunehmend schwerfälliger verhält, während der jüngere in der Regel über einen wendigeren Geist verfügt und deshalb auch aufnahmefähiger ist. Ausnahmen mögen diese Regel bestätigen. Aber Tatsache ist, dass ein junger Mensch, insbesondere im Kindesalter, noch einen relativ unverdorbenen Bezug zu jenen Bereichen besitzt, zu denen wir uns als Erwachsene oftmals Zugang wünschen und ihn doch nur schwer und mühsam finden, falls wir nicht über ausgeprägte mediale Fähigkeiten verfügen.

Leider werden Kinder im Laufe der Jahre durch uns Erwachsene genauso konsequent von diesen Fähigkeiten getrennt (zumindest in den meisten Fällen), wie wir sie in schöner Regelmäßigkeit dazu erziehen, anständige und vollwertige Mitglieder der menschlichen Gesellschaft zu werden. Spätestens nachdem ein Kind das schulpflichtige Alter erreicht hat und so dem "Ernst" des Lebens zugeführt wird, beginnt es auch von sich aus, jene letzten, noch immer wachen Teile seiner besonderen Anlagen zu verdrängen, um auf diese Weise den von nun an unablässig auf das kindliche Gehirn einströmenden Daten und deren Verarbeitung, ausreichend Raum zu schaffen.

Jene wenigen aber, denen es vom Schicksal bestimmt ist, trotzdem ein waches Medium zu bleiben, wird von diesem Zeitpunkt an kein sehr einfaches Leben mehr beschieden sein, da sie nicht nur die vielfältigen Eindrücke ihrer medialen Fähigkeiten zu verarbeiten haben, sondern zusätzlich auch noch jene Tag ein Tag aus auf sie einstürmenden schulischen Informationen. Diese Kinder stehen unter einer doppelt und zum Teil auch dreifachen Belastung, die nicht nur aus dem schulischem Leistungsdruck und dem Verarbeiten ihrer medialen Eindrücke resultiert, sondern auch noch aus dem Wissen, von ihren Eltern und Freunden unverstanden und alleine gelassen zu sein, weil diese offensichtlich nichts mit diesen „Fähigkeiten" anzufangen wissen. So wird es Jahre im Leben eines solchen jungen Menschen in Anspruch nehmen, bis er endlich weiß und spürt, dass er etwas „Besonderes" ist und seine Fähigkeiten alles andere als der Norm entsprechen. Ein Kind, das mit medialer Begabung geboren wird, sieht dieses „Talent" ja als etwas vollkommen Normales an, genau bis zu dem Zeitpunkt, an dem es plötzlich erkennen muss, dass all die anderen, mit denen es in seinem Leben zu tun hat, ganz und gar nicht über derartige Anlagen verfügen und ‚schlimmer noch, auch nicht an deren Existenz glauben. Es wird folglich möglichst schnell lernen müssen, diese Fähigkeit „geheim" zu halten, nur um auf diese Weise dem Spott oder auch den Strafen zu entgehen, die es dafür von seinen Mitmenschen erntet. Das alles stellt für diese Kinder eine sehr hohe Dauerbelastung dar und wird von ihnen natürlich auch als eine solche empfunden.

Doch dies nur am Rande. Dieses Beispiel sollte lediglich dazu dienen, denjenigen Menschen, die sich mit jeder Faser ihres Herzens wünschen, über mediale Fähigkeiten zu verfügen, kurz vor Augen zu führen, welch große Belastung eine derartige Veranlagung sein kann, wenn sie von wenig toleranten Mitmenschen nicht anerkannt oder gar verleugnet wird. Nun aber wieder zurück zum eigentlichen Thema dieses Buches.

Bevor wir uns daran machen, die einzelnen Schritte zur Erlangung der eigenen medialen Anlagen zu besprechen, sollte noch kurz erläutert werden, was man mit medialen Fähigkeiten erreichen kann. Genauer betrachtet geht es aber nicht um ein "was" und schon gar nicht um materielle Dinge oder Ziele, sondern darum, **wer** genau damit erreicht werden kann.

Natürlich war, ist und wird es immer ein großer Wunsch der Menschheit sein, jene Wesen der anderen Seinsebene zu kontaktieren, die den Menschen aufgrund ihres umfassenden, höherdimensionalen Wissens erschöpfende Auskunft über Vergangenheit, Gegenwart und Zukunft geben können. Diese Wesen werden von uns Menschen seit jeher auf der jenseitigen „höherdimensionalen Ebene" angesiedelt und gesucht. Die Seelen Verstorbener, egal ob es sich hierbei um Verwandte, Freunde, oder Fremde handelt, suchen den Kontakt zu uns Menschen und unsere Dimension genau so, wie wir zu ihnen, wenngleich die Motive beider Seiten doch sehr unterschiedlich sind.

Während es uns Menschen größtenteils darum geht, materiellen Nutzen aus diesen Kontakten zu ziehen, geht es jenen Wesen eher darum, dem Bewusstsein der Menschen den einen oder anderen Denkanstoß zu vermitteln, um auf diese Weise ein wenig auf deren geistige Entwicklung einzuwirken und ihnen somit neue Impulse zu verleihen, die der materiellen Dimension sicherlich sehr zuträglich sind. Wenngleich spirituelle Wesen natürlich auch in der Lage sind, dem Kontakter ihrer Dimension künftige Ereignisse mit verblüffender Genauigkeit vorherzusagen, so ist dies doch nur ein Nebenprodukt ihrer tatsächlichen Fähigkeiten. Eine dieser bemerkenswerten Fähigkeiten bezieht sich darauf, direkten Einblick in die Tiefen des menschlichen Unterbewusstseins und seiner Seele zu gewinnen und das darin verborgene Wissen, zum Nutzen des Betreffenden an die Oberfläche zu befördern, also es dem Bewusstsein des Betroffenen zugänglich zu machen.

Natürlich ist es dem spirituellen Führer, also Ihrem persönlichen Schutzgeist, durch diese Begabung auch möglich, verschiedenste Blockaden im menschlichen Unterbewusstsein zu erkennen, sie dem Betroffenen zu erklären und damit zu deren Auflösung beizutragen! Jedoch sollte dies nicht unbedingt auf eigene Faust geschehen, sondern immer unter dem fachlichen Beistand eines erfahrenen Therapeuten. Derartige Blockaden (wie gering oder gewaltig auch immer) stecken im Unterbewusstsein eines jeden von uns verborgen und niemand kann vorhersagen, welche Intensität an Emotionen sich dahinter verbergen. Ein in Eigenregie durchgeführtes Auflösen einer oder gar mehrerer dieser seelischen/geistigen Blockaden könnte bei dem Betroffenen ein gefühlsmäßiges Erdbeben auslösen, was, wenn es nicht sofort in die richtigen Kanäle geleitet wird, sicherlich mehr Schaden als Nutzen anrichten würde. In einem Fall wie diesem wäre es durchaus von großem Vorteil, die althergebrachte psychotherapeutische Variante zu wählen, die aber mit Hilfe des spirituellen Führers zu einem schnelleren und wohl auch effektiveren Abschluss gebracht werden kann, wenn man sich offen zeigt für diese neue Art der Teamarbeit. Deshalb noch einmal der deutliche Hinweis an alle, die glauben, sie könnten ebenfalls ein tief sitzendes Problem ihr eigen nennen, unbedingt Vorsicht walten zu lassen bei dieser besonderen, aber sicherlich recht hilfreichen Art der Problembewältigung.

Wie aus den vorangegangenen Zeilen unschwer zu erkennen ist, wird ein derartiger Kontakt wohlweislich nicht zu irgendeinem jenseitigen Wesen erfolgen, sondern unbedingt zu jenem, welches uns von Geburt an am nächsten steht, nämlich unserem spirituellen Führer! Jeder Mensch auf dieser Welt hat ein derartiges Geschöpf an seiner Seite und kann durch es - vorausgesetzt, er ist sich bewusst, dass solch ein Wesen existiert - über ein beachtliches Potenzial an Wissen und Hilfe verfügen, welches ganz erheblich über sein vorheriges Bewusstsein hinaus gehen kann.[1]

Wenn wir uns erst einmal in die Lage versetzt haben, diese spirituelle Hilfe in Anspruch zu nehmen, dann werden wir die uns gebotene Unterstützung auf vielerlei Weise zu spüren bekommen. Oft ist es für den Einzelnen schon Hilfe genug im Leben, einen oder mehrere brauchbare Denkanstöße gewährt zu bekommen, um wieder eine positiver gestimmte „Richtung" erkennen zu können. Was sich vielleicht soeben noch als eine gedankliche Sackgasse oder Einbahnstraße präsentiert hat, entfaltet sich durch die Hilfe des spirituellen Führers plötzlich als eine Art Autobahn der Gedanken und Gefühle, auf der diese nach kurzer Zeit wieder ungehindert fließen können, wodurch mitunter sogar von einem Augenblick auf den anderen völlig neue Perspektiven und Handlungsmöglichkeiten deutlich werden, die man zuvor nicht einmal ansatzweise als solche erkannt hätte.

In erster Linie wollen wir uns in diesem Buch der Kontaktaufnahme mit unserem spirituellen Führer widmen, da der Kontakt zu diesem zweifelsohne nicht nur der Gewinn bringendste ist, sondern auch am leichtesten und ungefährlichsten zu Wege gebracht und gehandhabt werden kann. Selbstverständlich gibt es neben dieser genannten Möglichkeit noch andere Arten des Channelings, etwas über sich selbst in Erfahrung zu bringen oder Informationen zu erhalten, wie man was im Leben erreichen könnte, aber alle diese Methoden werden auf Dauer nicht jene positive Qualität aufweisen, die man erfährt, wenn man es vorzieht, stets nur seinen eigenen spirituellen Führer zu befragen. Dieses Erlebnis dürfte immer das intensivste sein!

Eine dieser anderen Methoden ist beispielsweise das Hinabtauchen in die geheimnisvollen Tiefen unseres Unterbewusstseins, in denen alle Erfahrungen, die positiven wie die negativen, die wir während unseres Lebens - und auch in den Existenzen davor - gesammelt haben, gespeichert sind. Natürlich werden wir in diesen Regionen

---

[1] Falls Sie sich ausführlich mit diesen Wesen und deren Seinsebene beschäftigen möchten, so empfehlen wir Ihnen das Buch: „Schutzgeistkontakte leicht gemacht" als ergänzende Lektüre, denn darin haben wir alle wissenswerten Informationen zusammengefasst!

des Unterbewusstseins nicht auf brauchbare Vorhersagen zukünftiger Ereignisse treffen (das ist nur sehr wenigen Menschen „gestattet") und es werden uns hier auch keine Problemlösungen „angeboten", aber es besteht durchaus eine gute Chance, dass uns Blockaden bewusst gemacht und deren Auflösung angeboten werden, egal, wie diese auch immer geartet sein mögen. Das wiederum gestattet dem Betroffenen durchaus, eine Um- oder Neugestaltung seines bisherigen Lebens in Angriff zu nehmen, sofern er das wünscht!

Wie bereits erwähnt, sollte diese Reise in das eigene Ich nicht ohne Hilfe eines geeigneten und seriösen Therapeuten erfolgen, da das menschliche Unterbewusstsein hinter verborgenen Nischen und Winkeln mit so manchen unliebsamen „Überraschungen" aufwarten kann. Diese verborgene Welt tief in uns hält also nicht nur ein beachtliches Maß an Wissen bereit, welches uns in vielen Situationen unseres Lebens hilfreich sein kann, sondern auch das eine oder andere tief in uns schlummernde seelische „Ungeheuer", das, genährt von vielen unverarbeiteten Negativerfahrungen, plötzlich über uns hereinbrechen kann, wenn wir uns diesem schlafenden Feind aus einer falschen Richtung nähern oder es allzu aufdringlich aus seinem Schlummer reißen. Wir sollten es daher tunlichst vermeiden, ohne fachlichen Beistand und geeignete Entspannungstechnik in jene Regionen des Unterbewusstseins vordringen zu wollen, wo unbekannte Gefahren auf uns lauern können, denen wir ohne fachmännische Hilfe allzu leicht hilflos ausgeliefert wären.

Wenn wir uns aber zu dem Schritt entschließen, zusammen mit einem erfahrenen Therapeuten diese Reise in die innersten Tiefen der Seele anzutreten, dann wird uns die Hilfe unseres spirituellen Führers gewiss über einige unschöne Hürden schneller hinweg heben können, als das ohne seine Hilfe der Fall wäre. Der geistige Führer weiß immer, was für seinen Schützling am besten ist. Ein Therapeut - selbst die besten dieser Zunft - können das meist nur erahnen, was keinesfalls eine Herabwürdigung ihrer Arbeit oder ihres Wissens sein soll. Eine aufgeschlossene Zusammenarbeit, wie die Zukunft sie einst dem Menschen bringen wird, kann der große Schlüssel zu schnellem und dauerhaftem Erfolg sein. Neue Zeiten erfordern, wie man weiß, auch neues Denken!

Eine weitere Methode, etwas über sich selbst und seine innersten Bedürfnisse zu erfahren und daraus lernen zu können, ist der interessante Weg, der zur eigenen Seele führt. Dieser Weg liegt tief in unserm Innersten verborgen und führt vorbei an den unergründlichen Tiefen des menschlichen Unterbewusstseins, das, genau betrachtet, als eine Art wachsamer „Pförtner" vor dem großen Tor zur Seele liegt. Da es letztendlich unsere Seele ist, durch die wir die Unsterblichkeit erlangen, treffen wir durch sie - und in ihr - auch auf vergangene Leben und die in diesen Vorleben aufgetretenen Ereignisse.

Natürlich werden wir bei einer derartigen Kontaktaufnahme tatsächlich nur auf jene eben angesprochenen Phänomene stoßen und nicht, wie jetzt vielleicht von Ihnen vermutet, auf eine ultimative Lösung all der kleinen und weniger kleinen Probleme, um die es im Leben eines Menschen in aller Regel geht. Allerdings bietet uns diese Methode die Möglichkeit, einiges über uns selbst zu erfahren und zu lernen, und sie bietet die Chance, etwas über die eine oder andere Verhaltensweise, die wir im Hier und Jetzt mit schöner Regelmäßigkeit an den Tag legen, künftig mit anderen Augen zu betrachten.

Der Mensch und dessen Geist und Seele werden nun mal nicht nur durch jene Situationen und Erfahrungen geprägt, die er von Geburt an über sich ergehen lassen muss oder selbst ausgelöst hat, sondern zu einem guten Teil auch durch die Summe der Erfahrungen, die seine Seele durch alle Leben hindurch gesammelt hat. Diese beachtliche Menge an Urinformationen, geborgen aus den Tiefen der menschlichen Seele, ermöglicht es uns bei richtiger Handhabung, diversen Verhaltensweisen und sogar unerklärlichen Ängsten fortan die Stirn zu bieten und unserem Leben auf diese Weise eine Wende zum Besseren zu geben.

Der Vollständigkeit halber muss aber auch bei dieser Form der inneren Suche bzw. Kontaktaufnahme erwähnt werden, dass wir dabei sowohl auf angenehme und mitunter sogar sehr schmeichelhafte Erlebnisse aber natürlich auch auf unschöne, ja teilweise vielleicht sogar als grausam empfundene Erlebnisse stoßen können. Denn wir können keinerlei Einfluss darauf nehmen (bei den meisten Menschen ist das jedenfalls so), an welchem Punkt in den Tiefen unserer Seele wir auf unserer Seelenreise ankommen werden.

Deshalb sollte auch hierbei ein Therapeut oder zumindest eine Person unseres Vertrauens mit entsprechender Sensibilität und Fingerspitzengefühl zugegen sein. Eine solche „Reise durch die Erinnerungen unserer Seele" kann möglicherweise in Bereiche einmünden, in denen wir vielleicht mit einer von uns bereits erlebten körperlichen Todeserfahrung konfrontiert werden. Das kann eine sehr erschütternde Erfahrung sein, zumal es nur wenigen Menschen vom Schicksal bestimmt ist, ruhig und friedlich in die Welt des Todes hinüber zu gleiten! Es kann also passieren, dass sich der Suchende plötzlich in einer „Sterbeszene" wiederfindet und mit all jenen unschönen schmerzlichen Gefühlen von einst konfrontiert wird, und wenn diese Situation für sein jetziges Leben in irgend einer Weise von Bedeutung ist, so wird dies auch garantiert geschehen.

Sind die Begebenheiten, auf die wir während einer unserer Seelenreisen stoßen, von geringerer Bedeutung für unsere momentane Existenz auf diesem Planeten, so werden wir an diesen unter Umständen wohl noch einmal teilhaben können, jedoch ohne derartige Gefühlsausbrüche wie beim vorher genannten Beispiel. In solch einem Fall wird man das Erlebnis mit dem nötigen Abstand eines unbeteiligten Beobachters erleben dürfen, etwa so vielleicht, wie ein Theatergast die Vorgänge auf der Bühne vor ihm betrachtet.

Eine solchermaßen praktizierte Reise in die Vergangenheit unserer Seele wird in einer wohltuenden Entspannung enden und die aufflackernde Erinnerung an das einst Erlebte, wird schon nach kurzer Zeit zurück sinken in die Nebel der Vergangenheit und des Vergessens. Nicht aber so bei einer höchst intensiv gearteten, emotionalen Beteiligung des Geschehens während der „Rückführung" in vergangene Leben. Hier ist es tatsächlich von enormer Bedeutung, eine der oben genannten Personen an seiner Seite zu wissen. Deren Nähe und Einfühlungsvermögen wird uns nach der „Rückkehr" in das jetzige Leben - in das Hier und Jetzt - nicht nur die nötige Geborgenheit vermitteln, die man gerade nach einem derartigen Erlebnis als besonders wohltuend empfindet, sondern auch die Chance geben, alle eben gewonnenen Eindrücke zunächst einmal mit einer vertrauten Person zu teilen.

Das eigentliche Verarbeiten dieser Erfahrungen der ganz besonderen Art beginnt allerdings erst in der darauf folgenden Zeit, sollte aber möglichst ebenfalls mit eben jener Person vorgenommen werden, die während dieser Seelenreise zugegen war.

Es ist auf gar keinen Fall ratsam, ein solches Unternehmen mit Personen zu beginnen, denen man kein oder nur wenig Vertrauen entgegenbringt. Das sollte unbedingt berücksichtigt werden! Genauso wenig sollte man sich in die Hände von Personen begeben, deren Kompetenz und Verantwortungsbewusstsein nicht ausreichend vorhanden sind, um nach „getaner Arbeit" auch noch die Aufarbeitung des Erlebten zu übernehmen.

Erst durch das anschließende Aufarbeiten wird der eigentliche Effekt einer Reise in die eigene Seele erreicht, nämlich die Nutzbarmachung von Vergangenem in der Gegenwart. Oft stößt der „Reisende durch die Vergangenheit" gerade auf jene Situationen, in denen er sich falsch verhalten hat und auf die er in ähnlicher Weise auch in seinem heutigen Leben immer wieder trifft. Dies sind eindeutige Hinweise darauf, dass es ihm bisher noch in keinem Leben gelungen ist, eine geeignete Lösung für „sein" Problem zu finden, er jetzt aber die Chance erhält, sein Denken und Handeln so zu verändern, dass sein Leben nach und nach eine positive Wendung nimmt. Natürlich bietet sich auch in diesem Fall eine Zusammenarbeit zwischen dem spirituellen Führer und einem Therapeuten an, sofern es sich beim Therapeuten um einen dafür offenen Menschen handelt.

Eine weitere Variante, etwas „Brauchbares" über sich, sein Leben und seine Aussichten in Erfahrung zu bringen, ist die Kontaktaufnahme mit jenseitigen Wesen im Allgemeinen, wie sie schon anfangs angedeutet wurde. Diese Methode allerdings soll hier in diesem Buch erst am Ende erwähnt und auch nicht zur leichtfertigen Nachahmung empfohlen werden, da sie für ungeübte Naturen zu leicht ausufern und daher unter Umständen auch gefährlich werden kann. Warum das so ist? - Diese Frage erschöpfend beantworten zu wollen würde genügend Stoff für ein weiteres Buch bieten (und wir haben darüber auch schon einige Bücher geschrieben, „Schutz-, Fopp,- & Poltergeister" beispielsweise behandelt ausführlich, was beim Kontakten der spirituellen Welt unbedingt beachtet werden muss! Deshalb hier nur eine kurze Erläuterung dazu.

Bei dieser Form der Kontaktaufnahme wird sich nicht nur unser spiritueller Führer melden, sondern in absehbarer Zeit auch andere jenseitige Wesen, die auf unsere Kontaktversuche aufmerksam werden. Wenn wir erst einmal damit begonnen haben, unsere Fühler in jene andere Dimension des Seins auszustrecken, so haben wir auch schon eine mentale Brücke dorthin geschlagen, die so langlebig und haltbar ist wie kaum etwas anderes. Wir haben ein Signal ausgesandt, das wie ein Leuchtfeuer in der jenseitigen Dimension wahrzunehmen ist und auf das, ob wir es wollen oder nicht, jeder Jenseitige reagieren kann, sofern es ihm gerade gefällt. Die Quintessenz daraus ist, dass keiner unserer Kontaktversuche ins Leere gehen wird, auch wenn wir keine unmittelbare Antwort auf unsere Bemühungen erhalten sollten. Da diese Form des Kontaktierens der spirituellen Welt durchaus aufschlussreich, interessant und nicht zuletzt natürlich auch „Gewinn bringend" sein kann, birgt sie natürlich auch die Gefahr der vermehrten Anwendung in sich und einer auf Dauer zu großen Leichtgläubigkeit gegenüber dem, was man von den Bewohnern aus der anderen Seinsebene zu hören bekommt (wobei manche medial begabten Menschen durchaus auch Sichtungen haben, d. h., unter bestimmten Bedingungen diese Wesen auch sehen können). Allzu schnell verliert der Mensch in solch einer Situation sein gesundes Misstrauen und spätesten hier beginnt es dann mitunter auch gefährlich zu werden. Damit meinen wir nicht, dass der Rat Suchende vielleicht dazu neigt alle Aussagen dieser Wesen als richtungweisend anzuerkennen, sondern wir wollen damit zum Ausdruck bringen, dass viele Menschen dazu neigen, mit jedem der Wesen, die sich dabei zu Wort melden, zu kommunizieren, weil sie annehmen, sie könnten dabei womöglich etwas sehr Wichtiges erfahren oder sonst irgendetwas versäumen, wenn sie sich nicht drauf einlassen. Allzu schnell wird man auf diese unvorsichtige Weise die Gefahr eines Negativkontaktes heraufbeschwören, der, obwohl ungewollt, erst einmal wieder „beseitigt" werden muss, was wiederum nach der Hilfe eines medial begabten Menschen verlangt, wenn man selbst nicht dazu in der Lage ist.

Wir wollen in diesem Buch einige sehr hilfreiche Möglichkeiten aufzeigen, wie Sie künftig unabhängig von Anderen Ihren spirituellen Führer finden und kontaktieren können, ohne so eine eben geschilderte Situation leichtsinnig heraufzubeschwören. Es soll an dieser Stelle noch einmal klar und deutlich darauf hingewiesen werden, dass diese, wenn auch nicht gerade einfachste, so doch ungefährlichste Variante der Kontaktaufnahme die zu Ihrem spirituellen Führer ist, weil es nun einmal jenes Wesen ist, welches wir aus uns selbst heraus und ohne fremde Hilfe finden und in Anspruch nehmen können, wann und wo immer wir wollen.

Teil 1:
Kontaktaufnahme für Anfänger

Wie finde ich nun zu meinem spirituellen Führer, über den ich jetzt schon ein wenig erfahren habe? Wie kontaktiere ich dieses Wesen und was überhaupt habe ich zu tun, um die dafür nötigen Fähigkeiten und Energien zu erwecken und auszubilden?

Zunächst einmal muss man nichts weiter tun, als dieses Buch sehr gründlich zu lesen. Anschließend muss man sich die Frage beantworten, ob man den Kontakt wirklich will, und wenn man dies mit "Ja" beantwortet hat, sich darüber klar werden, dass man diesen Kontakt auch tatsächlich herstellen kann, wenn man es wünscht!

Ja, man kann es, selbst wenn man zuerst glauben mag, dass das eine oder andere, was man in diesem Buch zu lesen bekommt, zu schwer in die Tat umzusetzen sei oder auf den ersten Blick zu langwierig erscheinen mag, um endlich ans erhoffte Ziel zu gelangen! Es hat schon seinen Sinn, alles gewissenhaft zu lesen und nicht - wie manche Menschen es so gerne tun - „quer Beet" durch alle hier enthaltenen Übungen und Anregungen zu springen, um dann unzureichend informiert zur (schlecht vorbereiteten) Praxis zu schreiten. Sollten Sie dazu neigen, lassen Sie das Buch lieber gleich beiseite, dann gehen Sie zumindest keinerlei Risiko ein. Falls Sie zu den gewissenhaften Lesern gehören und glauben, nicht alles sofort richtig verstanden zu haben, so lesen Sie Absatz für Absatz noch einmal und legen Sie das Buch immer mal wieder beiseite, um die bis dahin gesammelten Informationen auf sich einwirken zu lassen. Wie lange, bleibt ganz Ihrem eigenen Gefühl, Ihrer inneren Stimme überlassen, die meist sehr zuverlässig auf alles zu reagieren weiß. Sie werden auf diese Weise recht schnell fühlen können, ob der Inhalt dieses Buches etwas in Ihnen zum Klingen bringt und ob Sie tatsächlich bereit dazu sind, Ihren spirituellen Führer zu suchen und in Kontakt mit ihm zu treten. Und auf welche Art Sie sich angesprochen fühlen, denn auch das ist sehr wichtig! Tun Sie bitte nichts, was Sie irgendwie „Überwindung" kostet. Und zwingen Sie sich bitte zu nichts! Etwas gegen seinen eigenen Willen zu tun, gegen die eigene innere Überzeugung, ist für keinen Menschen von Vorteil!

Es mag allerdings auch sein, dass Sie anfangs noch gar nichts verspüren - weder etwas Positives noch etwas, das Ihnen persönlich vielleicht nicht unbedingt zusagt. Das liegt vielleicht einfach nur daran, dass der Zeitpunkt einer Kontaktaufnahme für Sie noch nicht gekommen ist. In solch einem Fall sollte man ganz einfach noch eine Weile mit dem Beginn der Suche warten und auf seine innere Stimme vertrauen, die einem letztendlich den richtigen Zeitpunkt mitteilen wird. Wir sagten ja schon, dass auf die Stimme der Intuition immer Verlass ist, wenn man sich nur die Mühe macht, auf sie zu hören. Auf gar keinen Fall sollte man entgegen seinen eigenen Gefühlen handeln, denn einem natürlichen Gesetz zu Folge wird alles, was unter innerem und/oder äußerem Zwang begonnen wird, nur sehr mäßige oder gar keine Erfolgsaussichten haben. Und das ist auch gut so!

Wann beginne ich mit meiner Arbeit?

Ganz allgemein gilt auch hier: Bitte nichts überstürzen! Es hat keinen Sinn, sich sofort, nachdem man das Buch aus der Hand gelegt hat, auf die Suche nach seinen versteckten Fähigkeiten und damit auch auf die Suche nach seinem spirituellen Führer zu begeben, auch dann nicht, wenn man glaubt, man müsse sich womöglich schon nach den ersten Zeilen „grünes Licht" für die Umsetzung der hier enthaltenen Anregungen geben, nur weil man vielleicht von Natur aus zu den ganz ungeduldigen Zeitgenossen gehört, die immer meinen, etwas zu versäumen, wenn sie nicht sofort zur Tat schreiten können.

Der konkrete Beginn der Arbeit sollte nach Möglichkeit auf einen Neumondtag bzw. auf eine Neumondnacht fallen. Um der Perfektion genüge zu tun, sollte der Neumond möglichst noch in einem Wasserzeichen stehen, also entweder im Tierkreiszeichen Krebs, Fische oder Skorpion. Wann genau das ist, erfährt man aus einem der zahlreichen Mondkalender, die es in jeder Buchhandlung zu kaufen gibt, vor allem zu Jahresbeginn.

Warum ist es von Bedeutung, ausgerechnet während der Zeit des Neumondes in einem der drei Wasserzeichen zu beginnen, und nicht an irgend einem beliebigen anderen Tag? - Während dieser kurzen Zeitspanne, ist der menschliche Geist in einer Phase, in der er sehr empfänglich für Spirituelles ist. In dieser Zeit ist es für ihn deshalb am einfachsten, sich über die alltäglich auf ihn einströmenden gedanklichen, akustischen und visuellen Reize hinwegzusetzen. Es ist jene Zeit im Leben eines Menschen, in der es ihm noch am leichtesten fallen wird, den Stress geprägten Alltag und alle damit verbundenen großen und kleinen Sorgen zumindest für eine kurze Zeitspanne loszulassen oder diese notfalls etwas in den Hintergrund zu drängen. An diesen Tagen wird man, wie die Erfahrung uns zeigte, noch am effektivsten arbeiten können und auch besser als sonst in der Lage sein, die für dieses Vorhaben erforderliche Ruhe und Ausgeglichenheit zu erlangen. Später dann, wenn Sie etwas mehr Übung haben, können Sie selbstverständlich jene Tage für Ihre spirituelle Arbeit wählen, die Ihnen persönlich am geeignetsten erscheinen.

Jeder, der sich schon einmal mit der Anwendung einer Entspannungs- und/oder Meditationstechnik auseinander gesetzt hat, wird nachvollziehen können, wie schwer es gerade zu Beginn ist, die vielfältigen durch den Kopf wirbelnden Gedanken abzustellen. Eine Flut von gespeicherten Eindrücken, die sich allein an einem einzigen Tag im Unterbewusstsein und auch im Wachbewusstsein angesammelt haben, macht es gerade dem Anfänger in Sachen Meditation und Tiefenentspannung nicht eben leicht, den nie enden wollenden Gedankenstrom in ruhige Bahnen zu lenken, um ihn dann schließlich für die Zeit der Meditation ganz zum Versiegen zu bringen. Später, wenn dem Anwender die ausgesuchten Übungen der jeweiligen Technik erst einmal geläufig sind, wird es nur noch sehr kurze Zeit in Anspruch nehmen, um Geist und Körper einer entspannenden und durchaus wohltuenden Ruhe zu überlassen. So wird es auch Ihnen gehen. Doch wie gesagt: Eine während der Neumondphase begonnene

Entspannungstechnik wird um einiges schneller auf fruchtbaren Boden fallen, als das bei irgendeinem beliebigen anderen Tag der Fall wäre.

Keine Angst, niemand erwartet von Ihnen, dass Sie jetzt erst einmal hoch komplizierte Entspannungsübungen erlernen und anwenden sollen, bevor Sie mit der eigentlichen Kontaktaufnahme zu Ihrem spirituellen Begleiter beginnen. Wir werden Ihnen lediglich einige Beispiele vorstellen, die Ihnen dabei helfen sollen, jene innere, so entspannende Ruhe zu erlangen, die für Ihre künftigen Kontaktaufnahmen von großer Wichtigkeit sind. Die vorgestellten Übungen werden Sie relativ schnell dazu befähigen, sich zu jeder beliebigen Zeit, wann immer Sie es wünschen, in jenen Zustand der Entspannung zu versetzten, der notwendig ist, um Ihnen eine möglichst schnelle Verbindung zu Ihrem spirituellen Führer zu ermöglichen.

Es gibt noch einen anderen guten Grund, weshalb besagter Neumondtag möglichst auf ein so genanntes Wasserzeichen (Fische, Krebs oder Skorpion) fallen sollte. - Die drei Wasserzeichen des Tierkreises stehen für Intuition und haben daher eine Verbindung zu übersinnlicher Wahrnehmung. Sie erzeugen eine gewisse Sensitivität bei jenen, die dies wünschen. Wenn also besagter Neumondtag (an dem man nach alter Überlieferung ohnehin all jene Dinge beginnen soll, die einem sehr wichtig sind) mit einem jener Zeichen zusammentrifft, wenn also der Neumond in einem dieser Zeichen steht, so fördert er bei vielen Menschen sehr das Wahrnehmen übersinnlicher Vorkommnisse. Außerdem ist es an solchen Tagen um vieles leichter, nicht nur in die Tiefen des menschlichen Unterbewusstseins vorzudringen, sondern auch jene Seite in ihm zu finden und zu wecken, welche für eine Kontaktaufnahme zu anderen Seinsebenen zuständig ist.

Grundsätzlich ist es aber zu jeder beliebigen Tages- und auch der Nachtzeit und auch an jedem von Ihnen gewünschten Tag möglich, Ihren spirituellen Führer zu „rufen"! Den besten „Draht" nach „drüben" wird der Ungeübte aber wohl an jenen Tagen haben, die jene sensitive Energie der drei genannten Wasserzeichen in sich tragen. Natürlich bestätigen aber auch hier Ausnahmen die Regel, da es, wie eingangs schon erwähnt, Zeiten geben kann und sicherlich auch geben wird, in denen es durchaus mal nicht möglich ist, die beabsichtigte Kontaktaufnahme mit der jenseitigen Welt herbeizuführen.

Was damit gemeint ist, sollen einige Beispiele von Situationen verdeutlichen, in denen man sich mitunter schneller als gedacht wiederfinden kann.

An erster Stelle sei hier natürlich des Menschen ärgster Feind genannt: der selbst auferlegte Druck, etwas unbedingt „schaffen" zu müssen, der beinahe zwanghafte Gedanke, um jeden Preis etwas in Erfahrung bringen zu wollen, und das möglichst sofort. Wohl gilt in vielen Bereichen des Lebens, wie vielen sicherlich bekannt sein dürfte, dass je mehr man etwas unbedingt will, desto leichter und schneller man es auch bekommt! Doch in dieser sehr speziellen Angelegenheit kann ein solches Denken genau das Gegenteil dessen bewirken, was man beabsichtigt. Natürlich sollte hinter dem Wunsch der Kontaktaufnahme zum spirituellen Begleiter auch der ernsthafte Wille, dies wirklich zu erreichen, stehen, doch dieser Wille sollte nicht durch selbst auferlegten Zwang gekennzeichnet sein, sondern durch das (beruhigende) Gefühl freiwilligen Handelns. Je zwangloser man manchen Dingen oder Wünschen im Leben begegnet, desto schneller werden sie einem mitunter erfüllt. Zumindest trifft das hier für diese Arbeit zu, denn es gibt durchaus Bereiche des Lebens, wo sich mit gezielt eingesetzter Gedankenkraft und eisernem Willen so manches gesteckte Ziel erreichen lässt.

Eine weitere Situation, die eine Kontaktaufnahme erschweren oder gänzlich verhindern könnte, wäre ein Zustand psychischer Anspannung, beispielsweise bedingt durch Stress. Der Mensch unterliegt gerade in der heutigen, sehr schnelllebigen Zeit immer wieder Situationen, die extreme Unruhe auslösen und die es ihm nicht oder nur schwer ermöglichen, den für den Kontakt notwendigen Zustand der inneren Ruhe zu erlangen. In so einer Situation wird es sicherlich nur wenigen Menschen tatsächlich gelingen, so weit „abzuschalten", dass sie außer der gewünschten inneren Entspannung, tatsächlich auch noch den Weg zu ihrem spirituellen Führer finden. Findet man sich in einer solchen oder ähnlichen Situation wieder, sollte man sich mit dem zufrieden geben, was man erreicht hat, und es zu einem anderen Zeitpunkt einfach noch einmal versuchen.

Ein dritter Grund, keinen Zugang zur anderen Seinsebene herstellen zu können, wäre der, dass es demjenigen, der den Versuch startet, noch nicht bestimmt ist, zum gegenwärtigen Zeitpunkt Kontakt zu seinem Schutzgeist zu finden oder von diesem eine gewünschte Antwort auf eine ganz bestimmte Frage zu erhalten. Dies kann sich entweder durch vollkommenes Stillschweigen unseres spirituellen Führers äußern oder durch eine schlichte Ablehnung, die man auf die Frage von Seiten des spirituellen Führers erhält. Warum ein Mensch auf bestimmte Fragen keine oder nur verschlüsselte Antworten erhält, hängt in erster Linie mit dem lebenslang andauernden Lernprozess zusammen, in welchem wir Menschen uns von Leben zu Leben wiederfinden, weil dieser Lernprozess dem Zweck der Vervollkommnung der menschlichen Seele dient. Doch zurück zum eigentlichen Thema.

Es ist uns Menschen mitunter einfach nicht bestimmt, auf eine von uns gestellte Frage die erbetene Antwort zu erhalten. Außerdem entspricht es der menschlichen Natur und dem damit einhergehenden bequemen Wesen unserer Spezies, dass, wenn irgend möglich, man nur zu gerne den einfachsten Weg zum gewünschten Ziel wählen wird. Nur leider ist der so genannte einfache Weg nicht immer unbedingt der richtige oder gar der, der uns vom Schicksal oder Karma (wie immer Sie es nennen wollen) vorbestimmt ist. Der Mensch ist hier auf diesem Planeten, um zu lernen, um sich, oder besser gesagt seine Seele, zu vervollkommnen, und das geht leider oft nur über einen langen, schwierigen, steinigen Weg, der mit großen und kleinen Hindernissen gepflastert ist und manchmal leider auch mit versteckten Fallen und kaum überwindbaren Klippen aufwartet.

So gesehen macht es auch Sinn, dass wir Menschen von unseren spirituellen Begleitern nicht auf alle von uns gestellten Fragen auch die erhofften Antworten auf einem Silbertablett serviert bekommen. Und das ist gut so! Denn würde man uns auch noch das gewähren, würde sich der angeborene Wissensdurst der Menschen bald erschöpft haben, weil es irgendwann keine Fragen mehr gäbe. Das Ergebnis wäre Stillstand. Und Stillstand bedeutet irgendwann Rückentwicklung. Kein Mensch hielte es mehr für nötig, an der Weiterentwicklung seiner eigenen Persönlichkeit zu arbeiten. Die Folge wäre maßlose Arroganz und eine herbe Fehlentwicklung der eigenen Persönlichkeit.

Also, nicht alles, was man über sich selbst, über sein Verhalten oder seine Stellung im Leben von einem Wesen aus der anderen Seinsebene in Erfahrung bringen möchte, würde dazu beitragen, unserer Persönlichkeit den letzten Schliff zu geben, und es würde schon gar nicht dazu beitragen, den Fragesteller dazu zu motivieren, sein Leben selbst in die Hand zu nehmen und von Jahr zu Jahr ein klein wenig mehr über sich selbst hinaus zu wachsen.

Doch nun wieder zurück zu unserem Neumondtag, an dem der Mond, wie Sie ja bereits wissen, in einem Wasserzeichen stehen sollte. Wann und zu welcher Zeit des Tages sollte man mit der Kontaktaufnahme beginnen? - Grundsätzlich lässt sich dazu zunächst einmal sagen, dass es vollkommen unerheblich ist, welche Tageszeit man dafür ins Auge fasst. Die Kontaktaufnahme zu spirituellen Wesen ist vollkommen unabhängig von derlei Kriterien. Wir können, wann immer es uns Menschen beliebt, mit unserem Geistführer in Verbindung treten. Die beste Zeit ist folglich immer dann, wenn Ihr eigenes Gefühl grünes Licht dazu gibt! Natürlich kann man sich, wenn man das möchte, von vornherein auf die Abend- oder Nachtstunden festlegen, was zweifelsohne den Vorteil hat, dass man während dieser Zeit sicherlich die größere Ruhe, weil weniger Störungen von außen, haben wird. Letztendlich aber ist das auch schon alles.

Die Suche nach dem spirituellen Führer und die dafür nötigen Vorbereitungen

Bevor Sie sich zum ersten Mal auf die Suche nach Ihren inneren Fähigkeiten und ihrem spirituellen Führer begeben, bedarf es noch einiger wichtiger Vorbereitungen, die dazu dienen, die feinstofflichen Schwingungen in dem Raum, in dem Sie Ihre mentale „Arbeit" durchführen möchten, zu erhöhen. Gleichzeitig werden dadurch auch Ihre Sinne für diese Zusammenkunft sensibilisiert, was ganz erheblich zum Gelingen ihres Vorhabens beitragen wird.

Für dieses Vorhaben benötigen sie sieben rote und sieben weiße Kerzen, einen klaren Bergkristall in der Größe Ihrer Wahl, einen Rosenquarz in der Größe Ihrer Wahl und verschiedenes Räucherwerk. Diese „Utensilien" werden Ihnen sehr behilflich sein, in jene Regionen einer etwas anders gearteten Welt vorzudringen, die Ihrem Bewusstsein bislang vielleicht völlig verborgen geblieben sind.

Weiterhin wäre es für Sie von großem Vorteil, bei diesem Ritual auch auf die Wahl Ihrer Kleidung sowie deren Farbe zu achten, da dies nicht unerheblich zum Gelingen ihres Vorhabens beitragen kann (mehr dazu später). Zunächst soll erläutert werden, warum gerade diese und keine anderen Gegenstände benötigt werden bzw. warum es von Vorteil ist, mit diesen zu arbeiten.

Warum benötigen Sie gerade sieben rote und sieben weiße Kerzen? - Weil diese Farben jene positiven Energieströme verkörpern, mit denen Sie in Kontakt treten wollen. Diese Farben werden dazu beitragen, negative Einflüsse abzubauen. Und sieben Stück deshalb, weil diese Zahl, wie es schon die Überlieferung wusste, Bezug zur Welt des Übersinnlichen hat. Die Energie der Farbe Weiß wird Sie positiv unterstützen, wenn Sie mit der feinstofflichen Ebene in Kontakt treten, und sie symbolisiert gleichzeitig den Schutz, der Ihnen durch Ihren spirituellen Führer zuteil wird. Die Kraft-Farbe Rot gibt Ihnen die hierfür nötige Ausdauer und vermittelt Ihnen ausreichende Energie für dieses Ritual. Durch den Einfluss dieser beiden Farben lässt sich zusätzlich Energie mobilisieren, was während eines Rituals wie diesem hier durchaus sehr nützlich ist.

Ein schöner, klarer Bergkristall und ein vielleicht faustgroßer Rosenquarz dienen in diesem Ritual zum einen als „medialer Verstärker" beim Austausch feinstofflicher Energien und zum anderen werden diese kraftvollen Steine Ihnen die hierfür notwendige innere Ruhe und Ausgeglichenheit vermitteln. Lassen Sie sich beim Kauf dieser beiden Steine, sofern Sie noch keine besitzen sollten, weniger durch Ihren Sinn für Schönheit leiten, sondern lassen Sie die Stimme Ihrer Intuition entscheiden, die Ihnen mit untrüglicher Sicherheit mitteilen wird, für welche Exemplare Sie sich entscheiden sollen! Nehmen sie dazu die Steine Ihrer engeren Wahl nacheinander in die Hand und konzentrieren sie sich auf das, was Sie dabei empfinden. Sie werden fühlen können, wie sich die Energie der Steine mit der Ihren zu verbinden sucht. Der Stein Ihrer Wahl wird ein sehr angenehmes Gefühl in Ihrer Hand erzeugen oder sogar Ihr Herz „berühren". Auf jeden Fall werden Sie sofort wissen, wenn Sie „Ihren" Stein „gefunden" haben. Sie werden sehen, es ist wirklich ganz leicht, die „passenden" Steine auszuwählen, weil diese sich ganz einfach „stimmig" anfühlen und positive Gefühle und Gedanken erzeugen. Form und Größe der Steine spielen dabei meist nur eine untergeordnete Rolle. Ein verhältnismäßig großer und sehr schöner Stein kann mitunter sehr viel weniger Energie in sich bergen, als ein vergleichsweise kleineres und vielleicht weniger schönes Exemplar.

Was nun die Energie dieser von Ihnen ausgewählten Steine anbelangt, so heißt es für Sie als deren neuer Besitzer zuerst einmal, sie vor ihrem ersten „Einsatz" zu reinigen. Dies ist ein sehr wichtiger Schritt, den Sie auf gar keinen Fall versäumen sollten Denn bevor diese schönen Mineralien in Ihre Hände gelangten, durchliefen sie von ihrem Fundort an eine beachtliche Anzahl von Zwischenstationen und nahmen während dieser Zeit so einiges an positiver und negativer Energien auf, die jetzt - da Sie mit diesen Steinen arbeiten möchten - nichts mehr in ihnen zu suchen haben. Für eine erste oberflächliche Reinigung genügt es, wenn Sie die Steine unter fließendes kaltes Wasser halten. Wie lange, bleibt Ihnen und ihrer Intuition überlassen. Die Hauptreinigung findet beim nächsten Vollmond statt. Sollten Sie allerdings die Steine an einem Vollmondtag erworben haben, können Sie sich die oben beschriebene Prozedur natürlich schenken und sofort die Hauptreinigung durchführen. Dabei werden alle noch anhaftenden Fremdschwingungen entfernt und Platz für Ihre Eigenen geschaffen. Das, was hierbei zu tun ist, mag Ihnen vielleicht zu einfach erscheinen, aber es ist trotzdem sehr wirkungsvoll. Legen Sie die Mineralien über Nacht ins Freie - Fensterbank, Balkon, Garten, Steinmauer oder ähnliches –, und zwar so, dass diese dem Licht des Mondes ausgesetzt sind. Legen Sie die Steine auf ein weißes Tuch, egal, aus welchem Stoff. Es spielt übrigens keine entscheidende Rolle, ob es draußen nun bewölkt ist oder nicht oder ob es gar regnet. Die Energie des Mondes fließt immer und überall hin, auch bei bewölktem Himmel oder Regen.

Um die Steine danach dann mit Ihren ganz persönlichen Schwingungen zu „laden", genügt es, wenn Sie diese eine Zeit lang bei sich zu tragen. Falls die Steine dazu etwas zu groß sind, so können Sie diese auch direkt unter Ihr Bett legen, möglichst am Kopfende. Die Stimme Ihrer Intuition wird Ihnen abermals mitteilen, wie lange es dauert, bis die Steine „einsatzfähig" sind. Wenn die Reinigung und das „Laden" beendet sind, dann sollten Sie bitte unbedingt darauf achten, dass niemand außer Ihnen diese Steine berührt! Jede Berührung durch andere erfordert abermals eine Reinigung bei Vollmond, denn es würde eine Art Ungleichgewicht von Energien entstehen, die für Ihr Vorhaben, sich mit der spirituellen Welt zu verbinden, nicht von Vorteil wäre. Natürlich haben Sie an jedem beliebigen Vollmond die Möglichkeit einer Reinigung Ihrer Steine, die sie unbedingt auch nutzen sollten, aber ärgerlich wäre es doch, wenn jemand Ihre Steine berührt und Sie nun wieder einige Wochen warten müssten, bevor Sie endlich mit Ihrem Ritual beginnen können.

Es sollte aber, wie eben schon angedeutet, jeder neue Vollmond zu einer Reinigung genutzt werden, wenn zwischenzeitlich mit den Steinen gearbeitet wurde, da bei jeder neuen Kontaktaufnahme verschiedenartigste Schwingungen durch ihre Mineralien laufen und diese zusätzlich noch die Energie der nächsten Umgebung in sich aufnehmen.

Räucherwerk und Kleidung für den bevorstehenden Kontakt

Weshalb benötigen wir Räucherwerk für unsere Arbeit? - Weil durch bestimmte Düfte Schwingungen erzeugt werden, die die Sensibilität des Menschen steigern und ihn so auf die für die Kontaktaufnahme nötigen Schwingungen einstimmen können. Außerdem bietet Räucherwerk einen zwar nicht alles umfassenden, aber doch relativ guten Schutz vor negativen Einflüssen. (Falls Sie daran interessiert sind, mehr über Räucherwerk und dessen Wirkung zu erfahren, so verweise ich auf das Buch von Melissa Bónya „Erotische Düfte & magische Räucherungen", Smaragd Verlag. In diesem Buch erfahren Sie alles Wissenswerte über den Umgang mit ätherischen Ölen und anderem Räucherwerk!)

Die Wahl des Räucherwerks bleibt grundsätzlich Ihnen überlassen, aber besonders empfehlenswert für den Zweck einer medialen Kontaktaufnahme wären Weihrauch, Salbei oder Zimt oder eine Mischung aus allen dreien. Sie können Räucherstäbchen verwenden, oder reine ätherische Öle. Sie können selbst getrocknetes Salbeikraut verwenden, um nur einige Beispiele und Möglichkeiten zu nennen.

Da die Geruchsempfindung eines jeden Menschen etwas sehr Individuelles ist und nicht jeder den Duft von Weihrauch als angenehm empfindet, haben wir auch noch

Salbei und Zimt genannt, weil auch diese beiden Düfte für einen spirituellen Kontakt bestens geeignet sind. Sicherlich werden Sie einen der Düfte als angenehm empfinden und vielleicht sollten Sie diese Düfte, bevor Sie mit Ihrer eigentlichen Arbeit beginnen, erst einmal der Reihe nach „ausprobieren", damit Sie feststellen können, mit welchem dieser Düfte Sie sich ganz besonders wohl und entspannt fühlen.

Wie schon erwähnt, zählen Weihrauch, Salbei und Zimt zu jenen Düften, die den Kontakt zu Ihrem spirituellen Führer unterstützen werden, denn ihre beim Räuchern frei gesetzten feinstofflichen Schwingungen vermögen den Vorhang zur anderen E-bene des Seins mühelos zu durchdringen. Man könnte diese angenehmen Düfte durchaus auch die „Wegbereiter der positiven Schwingungen" nennen, mit denen es dem Gegenpart der positiven Seite zwar nicht unmöglich gemacht wird, sich ebenfalls einzufinden, wenn ein Mensch Kontakt zur anderen Dimension des Seins sucht, aber es wird jenen ungebetenen Wesen sicherlich sehr viel schwerer fallen, sich heimlich in eine solche Runde zu begeben.

Es schadet also keineswegs, wenn Sie sich angewöhnen in regelmäßigen Abständen Ihre Wohnräume „ausräuchern", selbst dann nicht, wenn Sie gar nicht die Absicht hegen, mit ihrem spirituellen Führer in Kontakt zu treten.

Wenn Sie bei Weihrauch, Salbei und Zimt auf die im Handel angebotenen Produkte zurückgreifen, achten Sie bitte unbedingt darauf, dass Sie möglichst naturreine Öle kaufen, denn jede Qualitätsverfälschung wird unmittelbaren Einfluss auf die feinstoffliche Wirkung des Räucherwerks haben. Sollten Sie gar ein Faible für Salbei haben, so können Sie die getrocknete Variante in jeder Apotheke erwerben. Vielleicht sind Sie auch selbst Besitzer eines Salbeistrauches. In diesem Fall können Sie Ihren persönlichen Bedarf an Räucherwerk natürlich selbst decken, indem Sie die abgezupften Blätter (die Sie an einem Vollmondtag „ernten" sollten!) einfach an einem schattigen, trockenen Platz ausbreiten und so lange dort liegen lassen, bis die Blätter durchgetrocknet sind. Weshalb ein schattiger Platz und nicht einfach die Blätter in der Sonne trocknen? - Weil Kräuter, die im Schatten und daher etwas langsamer getrocknet werden, ihre wertvollen ätherischen Öle behalten, während eine direkte Sonnenbestrahlung diese wertvollen Substanzen zerstört.

Übrigens können Sie anstatt auf Öle natürlich auch bei Weihrauch und Zimt auf die feste Form zurückgreifen. Weihrauch können Sie auch als Granulat kaufen und bei Zimt verwenden sie nicht das Pulver, sondern die Rinde. Zerkleinern Sie diese einfach in kleine Stücke und geben Sie einige davon auf durchgeglühte Räucherkohle. Wenn Sie sich für diese Form der Räucherung entschieden haben, benutzen Sie einen der im Handel erhältlichen Räucherkessel oder irgendein anderes feuerfestes Gefäß, um unliebsamen Überraschungen zu entgehen, da die Räucherkohle ziemlich hohe Temperaturen entwickelt. (Näheres dazu ebenfalls in „Erotische Düfte & magische Räucherungen").

Und nun noch einige Anmerkungen zu Art und Farbe Ihrer Kleidung, die Sie bei Ihrer ersten und, wenn Sie wollen, auch bei allen weiteren Kontaktaufnahmen zu Ihrem spirituellen Führer tragen können. Wahrscheinlich mögen Sie jetzt denken: *Ganz klar, die Farbe die man zu solch einem „Anlass" trägt, wird sicherlich wohl Weiß sein, da sie in Esoterikerkreisen das Positive darstellt. Und was die Kleidung an sich betrifft, wird es wohl eine Art von weitem Gewand sein, welches man womöglich selbst zu nähen hat.* Nun, wenn Ihnen der Sinn danach steht, können Sie das selbstverständlich so halten. Allerdings sei darauf hingewiesen, dass dies vollkommen unnötig ist! Das einzige, was Sie tatsächlich bei der Wahl ihrer Kleidung beachten sollten, ist, dass diese möglichst bequem sitzen soll und Sie während Ihrer Meditation nicht beim Atmen stört oder behindert. Sie sollten keinesfalls Kleidungsstücke wählen, in denen Sie sich nach einiger Zeit irgendwie eingeengt fühlen, oder die womöglich nach einer gewissen Zeit zu kneifen beginnen.

Und schließlich noch ein Paar Worte bezüglich der Farbe Ihrer Kleidung. Grundsätzlich ist auch hierzu wieder zu sagen, dass es ganz allein Ihre Entscheidung ist, welche Farbe Sie mögen und für diesen Zweck tragen wollen. Natürlich dürfen Sie die Farbe Weiß wählen, da diese, wie bereits bei den Kerzen erwähnt, den Schutz durch den spirituellen Führer symbolisiert und dabei behilflich sein wird (was gerade für den Anfänger wichtig ist), mit den Energien/Schwingungen der feinstofflichen Ebene in Kontakt zu treten. Allerdings haben Sie das auch schon durch den Einsatz Ihrer weißen Kerzen erreicht, und somit ist es nicht unbedingt notwendig, dies auch noch auf die von Ihnen gewählte Kleidung auszudehnen. Eine Farbe aber, die es durchaus Wert ist, berücksichtigt zu werden, ist Schwarz. Falls Sie jetzt denken sollen: *Da will mir wohl ein negativ ausgerichteter Mensch etwas Böses als gut verkaufen*, möchten wir Sie bitten, die nachfolgenden Absätze erst zu lesen und dann zu urteilen.

Natürlich hat die Farbe Schwarz schon immer einen sehr negativen Beigeschmack im Bereich der Magie oder in Verbindung zu jenseitigen Welt gehabt, war und ist sie doch ein Symbol für die schwarzmagischen Künste und deren Vertreter. Allerdings ist es nicht ein beliebiger oder ganz bestimmter Gegenstand oder gar eine Farbe, die das „Negative" in welcher Form auch immer ausmacht, sondern es ist derjenige, welcher den Gegenstand oder die Farbe als Instrument seiner Macht, seiner negativen Handlungen missbraucht! Es wäre also genauso gut möglich, die Farbe Weiß für negative Handlungen und Rituale zu missbrauchen, und wenn man sich dieser Tatsache erst einmal bewusst ist, dann wird sich auch die Meinung vieler Menschen in Bezug auf die Farbe Schwarz ändern.

Tatsächlich ist die Farbe Weiß wohl ein „Mittler zwischen den Ebenen" und auch eine Art Symbol des Schutzes, sie ist jedoch nicht mächtig genug, um wirklich starke Energien aufbauen zu können. Sehr wohl aber ist die Farbe Schwarz hierzu imstande. Durch das Verwenden dieser Farbe besteht für denjenigen der mit der von dieser Farbe erzeugten Energie umzugehen weiß, durchaus die Möglichkeit, sehr mächtige Energien in seinem Umfeld aufzubauen. Genau das ist auch der Grund, weshalb sich nicht nur Magier der schwarzen Zunft dieser Farbe bedienten und noch immer bedienen, sondern genauso auch jene Menschen, die der weißen Zunft dienen. Wie gesagt: Lediglich die Gesinnung des Anwenders verleiht einer bestimmten Farbe oder einem rituellen Gegenstand den letztendlichen Charakter!

Bedenken Sie also, dass die Ausstrahlung dieser machtvollen Farbe durchaus dazu geeignet, die eigenen mentalen Energien eines Menschen zu verstärken, um auf diese Weise jede magische Arbeit hilfreich zu unterstützen. Schwarz symbolisiert die Unendlichkeit des Universums und somit auch die Unendlichkeit des Geistes, der Gedanken und des Wissens. Sie verbindet den Menschen - oder besser gesagt seine Seele und sein Streben - mit all dem, woher er einst kam und wohin er nach dem Ableben der fleischlichen Hülle wieder zurückkehren wird.

Das war und ist allerdings nur einer der Gründe, weshalb magisch arbeitende Menschen und jene, die sich auf mentalem Wege mit der anderen Dimension des Seins verbinden möchten, sich die Eigenschaft dieser Farbe zum Zwecke ritueller Handlungen nutzbar machen, es gäbe da sicherlich noch unzählige andere Gründe zu nennen, weshalb manche Menschen sich während ihrer magischen oder mentalen „Arbeit" so gerne in schwarze Gewänder hüllen (es dürfen selbstverständlich auch ganz normale Bekleidungsstücke sein), aber diese Gründe sind wohl eher individueller Natur und sie zu nennen, würde hier in diesem Buch zu weit führen und nicht zum eigentlichen Thema passen.

Doch noch einmal: Sie ganz alleine entscheiden letztendlich, was Sie während der von Ihnen angestrebten Kontaktaufnahme tragen möchten. Wir wollten Ihnen lediglich deutlich machen, dass die Verwendung der Farbe Schwarz und/oder Weiß, nicht automatisch gleichzusetzen ist mit Positiv und Negativ, mit freundlicher oder unfreundlicher Gesinnung!

„Der zweckmäßig gestaltete Arbeitsbereich"

Wenn Sie sich nun für einen Tag Ihrer Wahl entschlossen haben, weil Ihr Gefühl Ihnen sagt, dass er genau der Richtige für Sie ist, oder - weil Sie sich nach unserer Empfehlung richten möchten - dieser Tag also auf einen Neumondtag fällt, der die Energie eines der drei Wasserzeichen birgt, dann sollten Sie sich völlig entspannt und ohne jegliches Gefühl von Eile an Ihr Vorhaben wagen.

Zunächst noch einmal der Hinweis, dass die Tageszeit dafür im Grunde genommen völlig egal ist, wobei es erfahrungsgemäß natürlich meist am zweckmäßigsten sein dürfte, wenn Sie Ihr Vorhaben in die Abend- oder Nachtstunden verlegen, da zu dieser Zeit die allgemeine Hektik des Tages schon deutlich spür.- und hörbar abgenommen hat und deshalb wohl auch die wenigsten Störungen durch andere (Nachbarn, Straßenverkehr, usw.) zu erwarten sind. Falls Sie ein Haus Ihr Eigen nennen oder ohnehin sehr still und zurückgezogen leben, dann stellt sich dieses Problem ja sowieso nicht. Später, wenn es für Sie durch regelmäßiges „Üben" zur „Normalität " geworden ist, binnen kürzester Zeit in jenen entspannten Zustand zu gelangen, der es Ihnen überhaupt erst ermöglicht, mit Ihrem spirituellen Führer in Kontakt zu treten, werden Sie sich sehr wahrscheinlich selbst durch eventuell auftretende Störungen kaum noch aus Ihrem meditativen Zustand reißen lassen. Doch aller Anfang ist schwer, und bis Sie an diesem erstrebenswerten Punkt angelangt sind, sollten Sie bitte unbedingt darauf achten, dass Sie sich für diese besonderen Zusammenkünfte möglichst jene Stunden des Tages aussuchen, in denen Sie absolut Ruhe haben, um ungestört arbeiten zu können.

Doch nun wieder zurück zu unserer „Meditation". Ideal wäre ein möglichst bequemer Sessel oder eine eben solche Liege, die Sie so im Raum platzieren sollten, dass Sie - falls Sie den Sessel und somit die sitzende Position bevorzugen - mit dem Gesicht in Richtung Sonnenaufgang sehen, also nach Osten gerichtet, oder aber - wenn Sie es vorziehen zu liegen - Ihre Füße in diese Richtung weisen. Die Richtung der aufgehenden Sonne soll das Erwachen ihrer mentalen und übersinnlichen Fähigkeiten symbolisieren und die aus dieser Himmelsrichtung strömende Energie wird Sie zusätzlich unterstützen.

Wenn Sie Ihren bequemen Sessel oder Ihre Liege auf diese Weise in Position gebracht haben, achten Sie bitte noch darauf, dass Sie ausreichend Platz haben, um ohne Behinderung um dieses Möbelstück herumgehen zu können. Es sollte ringsum mindestens so viel Platz zur Verfügung stehen, dass es Ihnen mühelos möglich ist, Ihre vierzehn Kerzen im Kreis um Ihr Möbelstück aufzustellen.

Platzieren Sie die Kerzen so, dass sie abwechselnd eine rote und eine weiße aufstellen. Auf diese Weise ergänzen sich die Energien der beiden Farben und die der Kerzen gegenseitig (denn auch deren Flammen erzeugen eine hierfür wichtige Energie), was wiederum zusätzliche Unterstützung für Ihr Vorhaben bedeutet.

Benutzen Sie in der Anfangszeit für Ihre Kontaktversuche nur Kerzenlicht! Dieses Licht stellt eine natürliche Beleuchtungsquelle dar, wohingegen das Licht von Glühbirnen, auch wenn es im Alltagsleben noch so nützlich ist, einen für diesen Zweck eher störenden als nutzbringenden Effekt hat. Da Sie es bei ihrem Vorhaben mit einer anderen, feinstofflichen Ebene zu tun haben werden, würde sich jede überflüssige Störung, und dazu gehört auch elektrisches Licht als grobstoffliche Energie, eher hemmend auf Ihr Vorhaben auswirken. Später, wenn Sie erst einmal genügend viele Erfahrungen gesammelt haben, wird die vorhandene Beeinflussung durch elektrische Energie nurmehr eine sehr untergeordnete Rolle spielen, da Sie es dann gelernt haben, sich sehr schnell in jenen Zustand zu versetzen, der es Ihnen ermöglicht, mit ihrem spirituellen Führer in Kontakt zu treten.

Stellen Sie sich nun bitte möglichst bildhaft vor, wie Sie da sitzen oder bequem auf der Liege Platz genommen haben, inmitten dieses Kreises auf brennenden Kerzen und wie nun Ihr auf die Suche gehender Geist durch die aufsteigenden Energien der Kerzen genau in jene Richtung gelenkt wird, wo sich das eigentliche Ziel Ihrer Suche befindet. Sie werden - falls Sie ausdauernd sind und fleißig üben - schon bald gelernt haben, die Schwingungen ihres Schutzgeistes in kürzester Zeit auf mentale Weise zu „erspüren", und Sie werden auch gelernt haben, sämtliche störenden äußeren Einflüsse, darunter eben auch jene der Elektrizität, für die Dauer Ihres mentalen Kontaktes nicht mehr wahrzunehmen.

Dieser Part der mentalen Kontaktaufnahme zu Ihrem Geistführer ist der denkbar einfachste, weil er tatsächlich beinahe von alleine funktioniert, wenn man bereit ist, völlig abzuschalten. Je öfter Sie eine Kontaktaufnahme herbeiführen, desto schneller wird sich dieses „Wahrnehmungsvermögen" aktivieren und Ihnen das mentale Arbeiten erleichtern.

Bereiten Sie alles so weit vor, wie beschrieben, aber entzünden Sie die Kerzen noch nicht. Sie sollten lediglich schon damit begonnen haben, den für Ihr Vorhaben gewählten Raum, oder wenn Sie möchten, auch die gesamte Wohnung, mit dem von Ihnen ausgewählten „Räucherwerk" zu reinigen. Auf diese Weise sorgen Sie dafür, dass sich die feinstoffliche Energie Ihres „Krautes" bereits vor Beginn der Kontaktaufnahme gleichmäßig in Ihrem Wohnbereich ausbreiten kann.

„Entspannen vor der Kontaktaufnahme"

Hier nun einige Möglichkeiten, die es Ihnen erleichtern werden, schon einen gewissen Grad der Entspannung zu erreichen, noch bevor Sie mit der eigentlichen Kontaktaufnahme zu Ihrem spirituellem Führer beginnen.

Um eine erste Phase der Entspannung zu erreichen, empfiehlt es sich beispielsweise, vorher ein warmes Bad zu nehmen, in das Sie ein- oder zwei handvoll Salz (möglichst Meersalz oder wahlweise 2-3 EL Natron! Natron = doppeltkohlensaures N. oder auch Natriumbicarbonat genannt. N. hat eine stark reinigende/entgiftende Wirkung!) oder eine halbe Flasche Apfelessig geben (falls dieser Ihnen nicht zu geruchsintensiv ist). Sie können sich, wenn Sie das möchten, natürlich auch für eine Kombination aus Salz und Essig entscheiden. Solch ein Bad dient nicht nur der körperlichen Reinigung, sondern auch der mentalen! Auf diese Weise werden negative Energien, die sich im Verlauf des Tages angesammelt haben, schnellstmöglich „beseitigt". Für dieses mentale Reinigungsbad sollten Sie sich zumindest eine viertel Stunde Zeit gönnen und das warme, reinigende Wasser entspannt genießen. Versuchen Sie sich dabei möglichst bildhaft vorzustellen, wie wohltuend diese energetische Reinigung für Sie ist und wie entspannt Sie danach ans „Werk" gehen können.

Eine weitere Möglichkeit der totalen Entspannung wäre, eine dafür geeignete Musik zu hören. Es gibt eine große Anzahl von CDs oder MCs die eigens für den Zweck der Meditation zusammengestellt wurden. Vielleicht sind Sie aber auch Liebhaber/in Klassischer Musik und können seit jeher beim Hören bestimmter Stücke recht gut entspannen. Welche Art von Musik letztendlich entspannend auf Sie wirkt, ist nicht entscheidend. Wichtig ist nur, dass die tatsächlich völlig abschalten können, während Sie diesen Klängen lauschen.

Sie haben natürlich auch die Möglichkeit, das entspannende Bad zu genießen, während Sie gleichzeitig Musik hören! Falls Sie beides aber lieber unabhängig voneinander tun möchten, so sollten Sie zum Genuss Ihrer Meditationsmusik gleich dort Platz nehmen, wo Sie auch Ihre erste Kontaktaufnahme herbeiführen möchten. In diesem Fall sollten Sie, bevor Sie sich gemütlich hinsetzen oder sich in eine entspannende Lage auf Ihrer Liege niederlassen, die von Ihnen bereits vorher aufgestellten Kerzen genau in jener Reihenfolge entzünden, wie wir es Ihnen gleich noch beschreiben werden. Prüfen Sie bitte vorher noch einmal, bevor Sie den Kreis durch das Anzünden der letzten Kerze „schließen", ob die von Ihnen gewählte Lautstärke tatsächlich auch angenehm für Sie ist, so vermeiden Sie, dass Sie nach einigen Minuten vielleicht doch noch einmal aufstehen müssen, und das würde Ihrer Entspannung natürlich überhaupt nicht dienlich sein. Nach wenigen Minuten der Entspannung steigert sich auch Ihre Sensibilität und diese reagiert im Allgemeinen nicht sehr positiv auf allzu laute Klänge!

Was den Standort Ihrer Stereoanlage betrifft, so wäre es natürlich ideal, würde diese sich möglichst in einem anderem Raum befinden als jenem, in dem Sie Ihre Kontaktaufnahme durchführen wollen, weil auch hier der Einfluss von Elektrizität als störend empfunden werden kann. Man sollte nach Möglichkeit darauf achten, dass in dem Raum, in dem man mental arbeiten möchte, keine Elektrogeräte und keine elektrischen Lichtquellen eingeschaltet sind.

Auch nicht zu empfehlen sind Kopfhörer. Jede vermeintlich noch so geringe Störung - so auch der Druck eines Kopfhörers - wird Sie daran hindern, das angestrebte Ziel tiefster Entspannung zu erreichen. Sie würden es mit Sicherheit auch als äußerst lästig und störend empfinden, wenn die Musik zu Ende ist, Sie sich soeben in einem angenehmen Zustand tiefster Entspannung befinden und der Kassettenrecorder Ihnen zum Abschied noch ein ernüchterndes „Klacken" präsentiert, was das Ende des Tapes anzeigt. Sie sehen schon, an was man alles denken sollte, um tatsächlich ungestört entspannen zu können!

Wenn sie letztendlich dann doch alles zu Ihrer Zufriedenheit erledigt und vorbereitet haben, nehmen Sie Ihren Platz ein und versuchen für sich die bequemste Position zu finden. Nehmen Sie nun auch Ihre beiden gereinigten Steine zur Hand, in die Rechte den Bergkristall, in die Linke den Rosenquarz, und dann geben Sie sich völlig der nach und nach einsetzenden Entspannung hin. Lassen Sie sich regelrecht hinein sinken in den Zustand völliger Losgelöstheit.

Haben Sie sich für die erste Variante entschlossen und das Bad ausgiebig genossen, so ziehen Sie sich danach in jenen Raum zurück, welchen Sie für dieses Vorhaben wählten. Bergkristall, Rosenquarz und Kerzen sollten schon bereit liegen. Vergewissern Sie sich bitte, ob Handy oder Telefon weit genug entfernt sind, damit Sie nicht im denkbar ungünstigsten Augenblick durch schrilles Läuten gestört werden, denn somit wäre auch Ihr wohlverdienter Erfolg der ersten Kontaktaufnahme zum Scheitern verurteilt.

Überzeugen Sie sich noch einmal davon, dass Ihr Räucherwerk ausreichend vorhanden ist - im Räucherkessel oder nach Belieben in der Duftlampe, denn der von Ihnen gewählte Duft sollte während der Dauer Ihrer Kontaktaufnahme deutlich im Raume wahrnehmbar sein. Sie sollen diesen Geruch jedoch keinesfalls als aufdringlich oder gar als unangenehm empfinden. Bedenken Sie, dass die Intensität des Duftes keine entscheidende Rolle für die Kontaktaufnahme spielt, da sich die eigentliche Wirkung der Essenzen, Kräuter, Öle u.s.w. ja ohnehin auf der feinstofflichen Ebene niederschlagen. Achten Sie folglich nur darauf, dass diese Düfte Ihr Wohlbefinden fördern. (Wie sollen Sie sich völlig entspannen können, wenn Sie sich mit einem Duft umgeben, der Ihnen zu aufdringlich erscheint oder Ihrem Geschmack nicht entspricht?).

Bevor Sie nun die Kerzen entzünden, nehmen Sie die beiden Kristalle und legen Sie diese innerhalb des Kreises griffbereit, auf Ihren Sessel oder Ihre Liege. Schalten Sie das elektrische Licht aus und entzünden Sie erst dann die Kerzen, (Sie können sich, falls es zu dunkel im Raum ist, um sich ungehindert zum „Arbeitsplatz" zu begeben, durchaus mit einer anderen Kerze oder mit einem Feuerzeug behelfen), beginnend auf der Ostseite, also jener Seite, der Ihr Blick zugewandt sein soll. Gehen Sie beim Entzünden der Kerzen bitte im Uhrzeigersinn vor und begeben Sie sich, bevor Sie die letzte Kerze anzünden, in das Innere des Kreises. Entzünden Sie nun auch noch die verbliebene Kerze und setzen oder legen Sie sich dann auf ihren Platz.

Jetzt nehmen Sie Ihre beiden Kristalle zur Hand, in die Rechte den Bergkristall, in die Linke den Rosenquarz. Diese werden sehr unterstützend auf die nötige Balance zwischen Ihrer eigenen Energie und jener für Sie noch fremden Energiequelle wirken, die Sie zu kontaktieren wünschen. Wie bereits erwähnt, fungiert der Bergkristall als eine Art Verstärker Ihrer eigenen Energien, während der Rosenquarz als Unterstützung dafür dient, dass Sie die hierfür unerlässliche Ruhe und innere Ausgeglichenheit finden, die Sie für das Gelingen Ihres Vorhabens unbedingt benötigen.

Umschließen Sie die beiden Steine mit Ihren Händen, ohne diese zu fest zu umklammern, und achten Sie bitte darauf, dass sich Ihre Finger dabei nicht verkrampfen. Das würde Sie auf Dauer nur von Ihrem Vorhaben ablenken und den Erfolg Ihrer Arbeit unnötigerweise hinauszögern oder gar verhindern.

Schließen Sie jetzt die Augen und sorgen Sie dafür, dass Sie gleich zu Beginn eine möglichst bequeme Position für sich finden. Wenn Sie diese gefunden haben, sollten Sie zunächst einmal nichts weiter tun als darauf zu warten, dass sich Ihr Herzschlag ein wenig beruhigt. Achten Sie ganz einfach darauf, dass sich Ihr Puls der ruhenden Position, die Sie eingenommen haben, anpasst. Es spielt keine Rolle, ob dies sofort der Fall ist oder ob es einige Augenblicke oder Minuten länger dauert! Denken Sie daran, Sie haben genügend Zeit zur Verfügung und es wird Ihnen ganz sicher nichts davon laufen. Liegen Sie also ganz einfach nur still da und genießen Sie zunächst einmal die Tatsache, dass Sie sich diese Zeit ganz bewusst genommen haben, um entspannt hier zu liegen oder zu sitzen, und machen Sie sich auch bewusst, dass Sie absolut nichts weiter zu tun haben, als eine angenehme Ruhe in sich aufsteigen zu lassen, jene Art von Ruhe, die der Mensch der heutigen Zeit leider viel zu selten empfinden kann.

Sie spüren sicherlich schon deutlich, wie sich Ihr Herzschlag nach und nach verlangsamt und sich Ihrer ruhenden Position angeglichen hat. Sie haben die Augenlider geschlossen. Kontrollieren Sie vorsichtshalber noch einmal, ob Sie Ihre Kristalle auch tatsächlich nicht zu fest umschlossen haben. Sollte das der Fall sein, dann lockern Sie einfach wieder den Griff, soweit wie es Ihnen nötig erscheint.

Sie haben zunächst nichts weiter zu tun, als sich auf die beiden Steine in Ihren Händen zu konzentrieren und zu „erspüren", was nun im Inneren dieser Kristalle vor sich geht. Keine Angst, Sie werden ganz bestimmt etwas fühlen können, wenngleich die Intensität des Fühlens und vielleicht auch der Zeitpunkt, wann genau das sein wird, von Mensch zu Mensch recht unterschiedlich sein werden. Dieses Gefühl kann getragen sein von intensiver Wärme, einem nicht unangenehmen Kribbeln in den Fingern oder gar der ganzen Hand bis hin zu einem leichten Ziehen oder gar schwerelosem Gefühl in beiden Händen oder Armen. Möglich ist aber auch, dass bei dem einen oder anderen „Kontakt Suchenden" der Eindruck entsteht, die beiden Steine würden plötzlich einander anziehen, wie man das von Magneten kennt. Alle diese unterschiedlichen Empfindungen sind vollkommen normal und daher besteht für Sie keinerlei Grund, sich darüber den Kopf zu zerbrechen. Konzentrieren Sie sich einfach darauf, was im Inneren Ihres Körpers und in Ihrer Gefühlswelt vor sich geht, und beschäftigen Sie sich keinesfalls damit, wann es denn nun endlich so weit sein wird und was es wohl sein wird. Das würde Sie nur unter Druck setzen, und das sollten Sie unter allen Umständen vermeiden!

Wie eben schon erwähnt, unterscheiden sich Zeitpunkt und Art des unbekannten Gefühls, welches von den Steinen in den Händen erzeugt wird. Dies kann tatsächlich so weit gehen, dass Sie während jeder neuen Kontaktaufnahme etwas anderes verspüren und der Zeitpunkt, da dieses Gefühl in Ihnen auftaucht, jedes mal ein anderer ist. Es ist durchaus möglich, dass Sie bei Ihrem ersten Versuch bereits nach wenigen Minuten oder gar nach nur wenigen Sekunden „etwas fühlen", während Sie zu einem anderen Zeitpunkt - nach einer ganzen Anzahl erfolgreicher Kontaktaufnahmen - entweder gar nichts wahrnehmen oder erst nach einer sehr viel längeren Wartezeit, als Sie es bisher gewohnt waren. Lassen Sie sich dadurch nicht irritieren. Dies sind vollkommen normale Reaktionen Ihres Körpers oder Ihres Unterbewusstseins und sie gehören anfangs ganz einfach dazu.

Zu der bewusst herbeigeführten Kontaktaufnahme zur „anderen" Seinsebene trägt nicht nur der gezielt eingesetzte Wille etwas bei, sondern es entscheidet natürlich auch die eigene Tagesform darüber, ob dieser Kontakt in die unsichtbare Welt nun schnell, langsam, oder - was ebenfalls auch einmal vorkommen kann - gar nicht zustande kommt. Wie man nicht oft genug erwähnen kann, sollte also Ungeduld bei Ihrem besonderen Vorhaben keine Rolle spielen, da sonst tatsächlich die Möglichkeit besteht, das Ziel der Kontaktaufnahme zu verfehlen.

Natürlich gibt es noch andere Gründe, weshalb eine Kontaktaufnahme - vielleicht sogar nach einer ganzen Anzahl erfolgreich durchgeführter Versuche - urplötzlich nicht mehr gelingen mag. Auf dieses Phänomen werden auch Sie früher oder später einmal treffen. Wenn das geschieht, sollten Sie sich auch hier nicht beunruhigen lassen. Es ist normal, dass es Ihnen an manchen Tagen nun einmal nicht gelingen mag, den Kontakt in die spirituelle Welt herzustellen.

All jene „Störfaktoren" die Ihrer eigenen Welt entstammen, können Sie relativ gut kontrollieren. Sie sind selbstverständlich in der Lage, den Ort des „Geschehens" und den Zeitpunkt Ihrer Kontaktsuche frei zu bestimmen. Sie wissen selbst am besten, wann Sie sich möglichst ausgeglichen fühlen, und natürlich können nur Sie selbst entscheiden, ob die von Ihnen bestimmte Stunde des Tages gut gewählt ist oder ob Sie für den Moment zu sehr gestört werden, um erfolgreich arbeiten zu können. Lärm ist sicherlich der größte Feind des Menschen und wird kaum dazu beitragen, die Suche nach dem geistigen Führer erfolgreich abzuschließen.

Aber selbst wenn Sie Ihre „Methode" so weit perfektioniert haben, dass es Ihnen ohne große Vorbereitungen und an jedem von Ihnen gewünschten und geeignet erscheinenden Ort gelingt, mit Ihrem spirituellen Führer in Kontakt zu treten, sollten Sie sich vorher immer überlegen, in welchem emotionalen und/oder gesundheitlichem Zustand Sie sich gerade befinden. Es gibt im Leben einfach gewisse Umstände und Situationen, in denen Ihr Geist nicht über jene nötigen Energien oder über jene „Offenheit" verfügt (weil er dies nicht kann oder will), um Ihnen den Zugang zur anderen Seinsebene zu ermöglichen.

Obwohl Ihr spiritueller Führer/Schutzgeist Ihnen Zeit Ihres Lebens, also vom Zeitpunkt ihrer Geburt bis hin zu jenem Tag Ihres Ablebens, zur Seite steht, geschieht es mitunter, dass es diesem unsichtbaren Freund nicht möglich ist, bei dem einen oder anderen Ihrer Kontaktversuche zu ihnen durchzudringen. Das bedeutet natürlich keineswegs, dass er/sie nicht trotzdem in Ihrer Nähe ist. Doch der Kontakt kann nicht zustande kommen, weil eine Störung zwischen Ihrer und seiner/ihrer Ebene besteht. (seiner/ihrer bedeutet natürlich, dass es sowohl weibliche als auch männliche Schutzgeister gibt). Derlei „Störungen" können durch vielerlei Umstände/Situationen ausgelöst werden, die sowohl weltlichen als auch jenseitigen Ursprungs sein können und auf die wir Menschen keinerlei Einfluss haben und sicherlich auch nicht haben sollen. Selbst wenn wir den eigentlichen Ursprung der Störung kennen würden, könnten wir in so einer Situation weder helfen noch den von uns gewünschten Kontakt auf irgend eine Weise erzwingen. Das einzige, was uns für diesen Falle zu tun bleibt, ist, geduldig einen besseren Zeitpunkt abzuwarten. Man kann es gegebenenfalls am selben Tag noch einmal versuchen, wenn man das unbedingt möchte, aber meistens ist es dann besser, sein Vorhaben auf einen späteren Zeitpunkt zu verlegen.

Selbstverständlich besteht auch noch die Möglichkeit (wie bereits angesprochen) dass man an seinen spirituellen Führer mit Fragen/Erwartungshaltungen herantritt, die dieser - aus welchen Gründen auch immer - weder beantworten noch erfüllen kann oder darf! Ist dies der Fall, wird der gewünschte Kontakt mitunter erst gar nicht hergestellt, da ein Schutzgeist in der Lage ist, menschliche Gedanken zu lesen, und daher schon vorher weiß, mit was man ihn „konfrontieren" möchte. Sollte jedoch in einer solchen Situation der Kontakt zustande kommen, so wird man weder eine Antwort auf die gestellten Fragen erhalten noch wird man Hilfe zu erwarten haben, da die jenseitigen Wesen an bestimmte Gesetze „gebunden" sind, die es einzuhalten gilt.

Um diesen Sachverhalt zu erklären, ist es nötig, noch ein paar Sätze über den Sinn der Reinkarnation, die Wiedergeburt der menschlichen Seele, zu verlieren. Die menschliche Seele unterliegt wie alles andere auch einem ständigen Wechsel, der sich zwischen der grobstofflichen Ebene, auf der wir Menschen uns befinden, und der feinstofflichen, jenseitigen Ebene abspielt. Dieser ständige Wechsel zwischen den Ebenen hat einzig und allein den Sinn, einer jeden Seele die Möglichkeit des Lernens einzuräumen, und somit dient dieser Vorgang der Vervollkommnung der menschlichen Seele. Natürlich wird eine jede Seele auf ihrem unendlich langen Weg zur Vollkommenheit die eine oder andere schwere Hürde zu nehmen haben und sie wird auch den einen oder anderen schwer wiegenden Fehler in ihrer körperlichen Existenz begehen. Genau diese Hürden und Fehler aber sind es, die jedem von uns Menschen erst den eigentlichen Lerneffekt bescheren. Würden wir Menschen (und somit unsere Seelen) ein Leben hier auf Erden gänzlich ohne Ecken und Kanten führen, ohne Höhen und Tiefen, dann gäbe es ab einem bestimmten Zeitpunkt unserer Existenz keinen inneren Antrieb mehr, der nötig ist, um uns in unserer Entwicklung voran zu treiben. Alles, einschließlich der Weiterentwicklung unserer Seele, würde nach und nach zum Stillstand kommen, und somit wäre natürlich auch der Weg in Richtung Vollkommenheit in unerreichbare Ferne gerückt.

Und genau an diesem Punkt, lässt sich erklären, weshalb unser spiritueller Führer manche unserer so typisch menschlichen Fragen, oder aber auch in manchen unserer Lebenssituationen keinerlei Auskunft und auch keine Hilfestellung geben kann und darf. Unsere jenseitigen Freunde würden sonst in die weitere Entwicklung der Rat Suchenden eingreifen und damit natürlich auch in das uns Menschen auferlegte Karma! Damit ist der menschlichen Seele keinesfalls gedient, wie man sich jetzt vielleicht besser vorstellen kann. Der Rat Suchende würde durch das ungehemmte Beantworten aller Fragen bezüglich seines Lebens und seiner Zukunft den sehr wichtigen inneren „Antrieb" verlieren, der es ihm durch viele seiner Inkarnationen hindurch gestattet, ja erst ermöglicht, den von der Seele angestrebten Weg in Richtung Vollkommenheit zu gehen und dieses erstrebenswerte Ziel - welches uns dem Schöpfer allen Seins ganz nahe bringt - letztendlich auch zu erreichen.

Aber ungeachtet dessen wird die Kontaktaufnahme zu Ihrem spirituellen Führer immer eine wertvolle Bereicherung für unser menschliches Leben sein, da diese liebevollen und überaus intelligenten Wesen uns in vielerlei Hinsicht eine nicht zu unterschätzende Hilfe auf unserem meist nicht einfachen Lebensweg sind. Unsere spirituellen Freunde werden uns Menschen - soweit es ihnen eben erlaubt ist, ohne das uns vorherbestimmte Schicksal zu beeinflussen - immer sehr gerne mit Rat zur Seite stehen und uns in unserer persönlichen Entwicklung bestmöglich unterstützen!

Jetzt aber wieder zurück zur Praxis.

„Die Kontaktaufnahme kann beginnen"

Sie sitzen oder liegen nun völlig entspannt auf Ihrem Platz, halten die Augen geschlossen und spüren in Ihren Händen die Energie der beiden Steine fließen, welche Ihnen dabei behilflich sein wird, die Kontaktaufnahme zu erleichtern. Überprüfen Sie an dieser Stelle noch einmal ihre Haltung. Viele Menschen neigen während ihrer ersten Versuche dazu, anstatt ihren Körper langsam, aber sicher zu entspannen, diesen nach und nach regelrecht zu verkrampfen, was auf Dauer zur Folge hat, dass sich unangenehme Gefühle und sogar Schmerzen einstellen können, und das ist einer tiefen Entspannung natürlich vollkommen abträglich. Seien Sie also bitte darauf bedacht, dass Sie Ihre Steine so entspannt wie nur möglich in Händen halten, und achten Sie immer darauf, dass Sie Ihrem Körper eine entspannend wirkende Lage bieten!

In diesem „ersten Stadium" werden Sie nun fühlen können, wie sich die ersten Anzeichen zur Kontaktaufnahme einstellen. Sie können jetzt sehr wahrscheinlich schon fühlen, wie Ihre beiden Steine zu „arbeiten" beginnen, und Sie nehmen sicherlich auch wahr, wie dieser leise, sanfte Energiestrom durch Ihre Hände zu fließen beginnt. Doch wie bereits erwähnt, können diese Reaktionen sehr unterschiedlich geartet sein - sie sind von Fall zu Fall und Mensch zu Mensch verschieden.

Stellen Sie sich nun möglichst bildhaft vor, wie diese ausgleichend wirkende Energie des Rosenquarzes und die verstärkende Energie des Bergkristalls in Ihrem Inneren eine Einheit zu bilden beginnen, wie dieser sanfte Strom an Energie regelrecht zusammenfließt und auf diese Weise Raum schafft, indem er die Pforte öffnet, durch die Sie die feinstoffliche Energie empfangen werden. Stellen sie sich möglichst bildhaft vor, dass jener Kreis aus Kerzen und deren Lichterschein, in dessen Inneren Sie sich befinden, ein Zentrum der Stille und der Entspannung für Sie bildet! In diesem Zentrum der Stille wird sich jenes Energiefeld aufbauen, das es Ihnen ermöglicht, sich der jenseitigen Dimension so weit zu nähern, dass es Ihnen kaum noch nennenswerte Schwierigkeiten bereiten wird, Ihren spirituellen Führer zu „finden".

Sie müssen keine großen Gedanken darüber machen, wie diese feinstoffliche Energie, welche im Inneren des Kreises vorhanden ist, in Ihrer Vorstellung auszusehen hat. Falls Sie es aber dennoch möchten, so können Sie dies sicherlich noch am Besten, wenn Sie sich der Einfachheit halber vielleicht einen Hauch von Nebel vorstellen, der ganz sanft Ihren Körper umspielt. Genauso gut können Sie sich aber auch vorstellen, dass Sie inmitten eines goldenen Strahlenkranzes liegen, der Sie wie ein schützender Mantel umgibt. Wie auch immer Ihre Vorstellung den Vorgang abbilden mag, wichtig hierbei ist eigentlich nur, dass Sie, wenn Sie das unbedingt wünschen, überhaupt in der Lage sind, sich etwas möglichst bildhaft und lebendig vorzustellen.

Der 1. Grad der Entspannung.

Sie sind nun gegenüber weltlichen Einflüssen so weit abgeschirmt, dass Sie Ihren Geist den Strömen der anderen Ebene öffnen können, um so auf jenes Wesen zu treffen, welches Sie so gerne kennen lernen möchten. Vielleicht gehören Sie sogar zu jener Gruppe von Glücklichen - denn es gibt sie ja, diese Naturtalente und medial Begabten –, die an dieser Stelle bereits keinerlei weitere Anstrengungen mehr zu unternehmen brauchen, weil sie bereits in diesem Zustand der meditativen Entspannung den Weg zu ihrem spirituellen Führer gefunden haben. Wenn das bei Ihnen der Fall sein sollte, dann können Sie getrost davon ausgehen, dass Sie zu jener Gruppe Menschen zählen, die von Natur aus sehr sensibel sind und einen ausgeprägten „Draht" zur anderen Seinsebene besitzen. Medial begabten Menschen wird es ein Leichtes sein, mit den Wesen der geistigen Dimension zu kommunizieren.

Sollte das auf Sie zutreffen, dann werden Sie, ohne erst groß fragen zu müssen, fühlen, dass Sie diesen Kontakt bereits hergestellt haben. Sie werden intuitiv wissen, wann genau dieses Tor zur jenseitigen Welt geöffnet wurde, denn Sie werden es fühlen, dieses warme und irgendwie vertraut wirkende Gefühl, welches Ihnen da entgegen strömt und tief in Ihrem Inneren das unbeschreiblich schöne Gefühl erzeugen wird, endlich nach Hause gekommen zu sein.

Sollten Sie an diesem Punkt allerdings noch nichts empfinden außer jener inneren Ruhe und Entspannung, welche für eine Kontaktaufnahme nötig sind, so ist das sicherlich kein Grund zu glauben, dass bei Ihnen nun etwas nicht so verläuft, wie es sollte, und schon gar nicht dürfen Sie nun dem Gedanken verfallen, dass Sie zu einem solchen Kontakt womöglich nicht fähig sind! Denken Sie in einer derartigen Situation bitte immer daran, dass dies durchaus normal ist und dass dies den meisten Menschen so geschieht. So ist es nun mal. Selbst wenn Sie an diesem Punkt Ihrer bewusst herbeigeführten Entspannung noch immer die von uns beschriebene innere Ruhe vermissen, besteht keinerlei Grund zu verzweifeln. Bleiben Sie ganz einfach still auf Ihrem Platz liegen oder sitzen und versuchen Sie bitte nichts zu forcieren! Jeder Versuch, den Zustand der Meditation gewaltsam herbeiführen zu wollen, würde lediglich bewirken, dass Sie sich noch zusätzliche Unruhe in Ihrem Inneren verschaffen, womit Ihnen ebenfalls nicht gedient wäre. Denken Sie in einer solchen Situation bitte ganz einfach daran, dass Sie - wenn Sie es nur wirklich wünschen - in jedem Fall an das von Ihnen angestrebte Ziel gelangen werden, auch dann wenn, Sie sich jetzt vielleicht noch eine Weile gedulden müssen. Es kommt ja auch letztendlich gar nicht darauf an, ob dies nun heute, morgen, übermorgen oder in einer Woche, einem Monat oder später geschehen wird. Hauptsache bleibt doch das Endergebnis, und das kann so ziemlich jeder Mensch erreichen, wenn er es aus tiefstem Herzen will!

Der spirituelle Führer „will" sich nicht „melden"?

Nun haben Sie also den Zustand der inneren Ruhe und Entspannung erreicht und Ihr Geist scheint nun dazu bereit zu sein, den ersten bewusst herbeigeführten Kontakt zu Ihrem spirituellen Führer aufzunehmen. Aber niemand „meldet" sich. Was können Sie an dieser Stelle tun, um ihr Ziel dennoch zu erreichen: ein mentales „Gespräch" mit ihrem jenseitigen Freund?

Zwar gibt es auch hierfür verschiedenste Gründe, weshalb es nicht „klappen" mag. Aber keine Sorge, eine derartige Situation wird sich relativ einfach überwinden lassen. In aller Regel wird es am besten sein, wenn Sie sich in solch einem Fall mit einer direkten Bitte an Ihren jenseitigen Freund wenden. Bitten Sie dieses Wesen auf mentalem Wege, also gedanklich, um „Mitarbeit" und mentale Unterstützung. Vielleicht braucht „er" oder „sie" diese direkte Aufforderung von Ihnen, um behilflich sein zu dürfen. Sagen Sie Ihrem Schutzgeist (laut oder gedanklich), dass Sie sich schon sehr darauf freuen, ihn oder sie endlich kennen lernen zu dürfen, und dass Sie nun ganz einfach darauf vertrauen, dass er/sie nun ebenfalls einen gewissen „Beitrag" leistet, damit diese Verbindung zustande kommen kann. Das wird Ihr jenseitiger Begleiter mit Sicherheit sehr gerne tun.

Allerdings kann es auch jetzt noch durchaus sein, dass Ihre strapazierte Geduld noch eine Weile auf eine harte Probe gestellt wird, weil sich Ihr spiritueller Führer erst noch auf Ihre erdgebundene/mentale „Schwingung" einstellen muss. Unser spiritueller Führer ist zwar Zeit unseres Lebens bei uns, doch solange Sie diesen Kontakt von sich aus nicht gesucht haben, waren Sie auch nicht unbedingt „offen" für eventuelle Übermittlungen ihres Freundes! (Wobei es natürlich auch Ausnahmen gibt) Sie vermochten ihn Ihrer Meinung nach nicht zu „erreichen" (obwohl das in dieser Form nicht ganz korrekt ist, denn ein Schutzgeist kann die Gedanken seines „Schützlings" durchaus „lesen") und er vermochte Sie nicht zu erreichen! Die möglichen Gründe hierfür würden unzählige Seiten füllen, die wir u.a. schon in unserem Buch „Schutzgeistkontakte leicht gemacht" beschrieben haben. Wichtig ist für Sie jetzt aber nur, dass Sie damit begonnen haben, sich Ihrem spirituellen Begleiter zu öffnen, und mit diesem „Öffnen" beginnt sich nicht nur an Ihrem bisherigen Denken etwas zu ändern, sondern natürlich auch an Ihrer mentalen Schwingung und Ihrer geistigen Ausstrahlung.

Jeder Mensch, der für sich die Entscheidung getroffen hat, sich der anderen Seite des Seins zu öffnen, wird eine ganz individuelle mentale „Eigenstrahlung" entwickeln, an der man ihn auf dieser „anderen Seinsebene" erkennen wird. Dieser Mensch „sendet" gewissermaßen auf seiner ureigenen „Frequenz", ganz ähnlich dem Benutzer eines Funkgeräts, nur dass die „Funkwellen" des Jenseitskontakters auf einer feinstofflichen Ebene wahrzunehmen sind. Es wird nicht mehr allzu lange dauern und die Wissenschaft wird einen Weg gefunden haben, diese feinstofflichen Energien zu messen und damit die Existenz dieser Energie zu beweisen. Auf eben diese Ihre eigene „Frequenz" wird sich zu gegebener Zeit Ihr spiritueller Führer einstellen, ehe er den eigentlichen Kontakt zu Ihnen aufnehmen kann!

– Dann suchen Sie ihn!

Eine andere bewährte Methode ist die, sich selbst während Ihrer Meditation gedanklich auf die Suche nach ihrem jenseitigen Freund zu begeben! Sie werden sich an dieser Stelle vielleicht fragen, wie Sie etwas finden sollen, von dem Sie noch nicht einmal den Anflug einer Vorstellung haben. Nun, um Ihren unsichtbaren Freund zu „finden", ist es nicht zwangsläufig nötig, etwas Konkretes über dessen Aussehen zu wissen. Das können vielleicht jene Menschen, die sich während einer Rückführung ein genaues Bild über das Aussehen ihres Schutzgeistes machen konnten. Doch da man nicht davon ausgehen darf, dass Sie zu jenen gehören die bereits während einer Rückführung Kontakt zu ihrem spirituellen Führer hatten, werden Sie sich damit zufrieden geben müssen, dass Sie es ganz einfach spüren werden, sobald dieser Kontakt zustande gekommen ist. Ihre Intuition wird Ihnen hierbei eine große Hilfe sein, denn dieser inneren Stimme wird man in aller Regel Vertrauen schenken können.

Wie könnte diese gedankliche „Suche" nach ihrem spirituellen Führer aussehen? - Genau so, wie Sie sich kurz zuvor den Aufbau der feinstofflichen Energie vorgestellt haben, die Sie umgibt, so stellen Sie sich nun einen schönen, entspannend wirkenden „Ort der Zusammenkunft" vor. Allerdings wird es dieses Mal nicht nur ein nebelartiges Gebilde sein, dass Sie sich vorstellen sollten, sondern beispielsweise eine besonders schöne Landschaft, durch die Sie in Ihrer Fantasie spazieren gehen! Oder Sie lassen vor Ihrem geistigen Auge eine sonnendurchflutete Waldlichtung entstehen, die Sie ohne zu zögern betreten. Um derlei beruhigende Bilder zu visualisieren, können Sie sich durchaus Ihnen vertraute Gegenden zum Vorbild nehmen. Oftmals fällt es den Menschen auf diese Weise bedeutend leichter, Bilder vor ihrem geistigen Auge entstehen zu lassen. Später, nach einiger Zeit des „Übens", wird es völlig ausreichen, wenn Sie lediglich Ihre eigene Fantasie zu Hilfe nehmen, um derlei Orte vor Ihrem geistigen Auge „Realität" werden zu lassen. Natürlich steht es Ihnen vollkommen frei, welche Visualisierung Sie für Ihr Vorhaben nun tatsächlich anwenden möchten, um damit an das gesteckte Ziel zu gelangen. Wichtig ist letztendlich nur, dass Sie erreichen, was Sie sich vorgenommen haben.

Bleiben wir der Einfachheit halber bei einem der oben genannten Beispiele, um auf möglichst nachvollziehbare Weise zu demonstrieren, wie so eine Suche nach dem spirituellen Führer aussehen könnte.

Sie liegen oder sitzen nach wie vor vollkommen entspannt und vielleicht sehen Sie vor ihrem inneren Auge noch immer jenen Nebel, der es Ihnen erleichtern soll, sich jene feinstoffliche Energie vorzustellen, die sich innerhalb ihres aus Kerzen bestehenden Energiekreises aufgebaut hat. Wenn dem so ist, dann bleiben Sie bitte bei dieser Vorstellung, wenn nicht, dann holen Sie diese einfach wieder zurück. Diesmal jedoch werden Sie nicht einfach diesen nebelhaften Schleier vor Ihrem inneren Auge behalten, sondern Sie werden sich mental in „Bewegung" setzen. Beginnen Sie einfach damit, zunächst ganz vorsichtig und ohne jegliche Eile, die ersten Schritte durch den Schleier aus Nebel zu tun. Setzen Sie geistig einen Fuß vor den anderen, so lange, bis Sie sich sicherer fühlen. (Sie entscheiden natürlich auch hierbei wieder selbst, wann genau Sie Ihr Tempo erhöhen möchten, um dadurch schneller „vorwärts" zu kommen).

Die ersten Schritte sind wohl noch etwas unsicher, da rings um Sie nichts weiter ist als wallender, weißer Dunst. Jetzt aber erkennen Sie so nach und nach zu ihren Füßen, zunächst noch sehr wage und schemenhaft, dann aber immer deutlicher, einen schmalen Pfad, auf dem Sie sich Schritt für Schritt vorwärts bewegen. Bleiben Sie auf diesem Weg, der sich vor Ihrem geistigen Auge „aufgetan" hat, und folgen Sie ihm weiter ohne jegliche Hast und machen Sie sich mit diesem „Pfad Ihres geistigen Auges" vertraut. Es wird meist nur kurze Zeit in Anspruch nehmen, bis Sie es geschafft haben, sich durch diesen herrschenden Nebel hindurch zu bewegen. Es wird auch nicht allzu lange dauern, bis Sie dann - zuerst sehr undeutlich, dann immer deutlicher– die ersten feinen Umrisse einer Landschaft vor Ihrem geistigen Auge zu sehen bekommen.

Und dann, genau zu diesem Zeitpunkt Ihrer mentalen „Reise", lösen sie sich auch schon auf, diese letzten wehenden Schleier aus milchigem Nichts, um Raum zu schaffen für jene Fantasielandschaft, in der Sie Ihr spiritueller Führer voller Freude erwarten wird. Vielleicht findet Ihr geistiges Auge soeben Zugang zu einer wunderschönen Waldlichtung, in deren Mitte vielleicht ein kleiner See mit kühlem, kristallklarem Wasser zu einer längeren Rast einlädt. Und wenn Sie nun das Empfinden verspüren sollten, dieser freundlichen Einladung nachzukommen, dann tun Sie das ruhig. Denken Sie daran, Sie haben sehr viel Zeit mitgebracht für Ihr Vorhaben, und während der Dauer Ihrer Kontaktaufnahme lässt sich ohnehin weder etwas beschleunigen noch wird sich etwas durch unangebrachte Eile erzwingen lassen.

Vielleicht legen Sie sich jetzt am Ufer des Sees nieder, in das saftig grüne, nach Frühsommer und Wildkräutern duftende Gras, und genießen ganz einfach die milden Strahlen der morgendlichen Sommersonne. Ruhen Sie ein wenig aus und nehmen Sie ganz bewusst diese wohltuende Stille wahr, von der Sie hier in diesem friedvollen Wald umgeben sind. Was Sie hier hören können, sind lediglich die sanften, angenehmen Stimmen der Natur, welche die Schönheit dieser Gegend beinahe auf kunstvolle Weise untermalen. Sie hören das sanfte Rauschen der Bäume im leisen Wind dieses friedvollen Tages und Sie hören das fröhliche Gezwitscher der gefiederten Bewohner dieses Waldes. Vielleicht wird dieser See vor Ihren Augen auch gespeist von einem schmalen Bach, dessen Lauf in einem kleinen Wasserfall endet. So können Sie dem gleichmäßigen Plätschern des Wassers lauschen, wenn der Bach sich mit dem See verbindet.

Der nächste Schritt wird sich dann ganz ohne Ihr weiteres Dazutun ergeben: die Zusammenkunft zwischen Ihnen und Ihrem spirituellen Führer (von der sich natürlich an dieser Stelle nicht sagen lässt, wie sich diese in Ihrem persönlichen Fall gestaltet und wie Ihr persönlicher Schutzgeist aussieht; beides ist von Fall zu Fall ganz unterschiedlich und hängt von den Charakteren jener Menschen ab, die sich ein derartiges Treffen wünschen). Auch alle weiteren Dinge, die sich von diesem Zeitpunkt an ereignen, werden von nun an eine vollkommen individuelle Angelegenheit sein. Nur was die in diesem ganz besonderen Moment der Kontaktaufnahme empfundenen Gefühle betrifft, gibt es so etwas wie eine ungefähre „Richtlinie", die von großer Freude, gepaart mit tiefen, ja fast liebenden Empfindungen bis hin zu emotionalen Gefühlsausbrüchen wie Lachen oder Weinen, führen kann. Aber auch hier ist alles möglich und kein Gefühl unmöglich. Jeder Einzelne kann und wird hier seine eigene kleine oder aber auch große Überraschung erleben.

Gestatten Sie uns an dieser Stelle vielleicht noch ein kleine Anmerkung. Wahrscheinlich hat sich der eine oder andere bereits gefragt, was es mit dem Wort „Aussehen" des spirituellen Freundes auf sich hat, ob man das tatsächlich auch wörtlich nehmen soll. Ja, Sie können das durchaus wörtlich nehmen. Sie werden Ihren spirituellen Führer nicht nur anhand der mentalen Kommunikation kennen lernen, sondern durchaus auch visuell wahrnehmen. Dies hat nicht nur den Vorteil, dass Sie auf diese Weise wissen, wie er/sie aussieht, sondern auch, ob Sie es mit einem männlichen oder weiblichen Geistführer zu tun haben. Weiterhin wird Ihnen dieser visuelle Eindruck in Zukunft eine sehr wertvolle Hilfe sein, da Sie sich nun ganz gezielt auf Ihren spirituellen Führer konzentrieren können. So ersparen Sie sich im Laufe der Zeit jenen Umweg, den Sie durch das Visualisieren einer Landschaft (beispielsweise) wählen mussten, um das eigentliche Ziel zu erreichen.

Wenn Sie wissen, wie Ihr spiritueller Führer aussieht

Stellen Sie sich bildhaft vor - nachdem Sie bei einem der nächsten Versuche bereits wieder zur inneren Ruhe gekommen sind –, wie Ihr Begleiter aus der anderen Dimension aussieht, und konzentrieren Sie sich mit all der Ihnen zur Verfügung stehenden Energie auf ihn bzw. sie. Rufen Sie ihren Schutzgeist beim Namen (diesen haben Sie bei einer der ersten Kontaktaufnahmen in Erfahrung gebracht) und bitten Sie um eine erneute Kontaktaufnahme. Sie werden sehen, dass es für Sie von Mal zu Mal leichter sein wird, diesen Kontakt herzustellen, denn je öfter Sie dies tun, desto einfacher wird es. Es sei denn, eine Kontaktaufnahme soll aus bereits erwähnten Gründen nicht zustande kommen! Ist dies der Fall, dann sollte man das einfach akzeptieren und auf sich beruhen lassen. Sie werden sehr schnell lernen, wie es sich „anfühlt", wenn ein Kontakt nicht zustande kommen soll oder kann. Ihre Intuition ist Ihnen auch hierbei wieder ein wertvoller Helfer, der Ihnen mit der Zeit ziemlich deutlich „flüstern" wird: Lass es heute besser sein!

Was, wenn Sie vor dem ersten Kontakt durch die entspannende Meditation einschlafen?

Sollte das geschehen (was an sich nichts Ungewöhnliches ist, weil der menschliche Körper diesen wohltuenden Zustand der Ruhe durchaus genießt), so ist das völlig in Ordnung. Zuerst einmal ist es wichtig, keine Panik aufsteigen zu lassen. Warum auch? Das kann jedem passieren, auch jenen, die oft und regelmäßig den Kontakt zur jenseitigen Welt suchen. Nehmen Sie es einfach als gegeben hin und freuen Sie sich darüber, dass es Ihnen gleich auf Anhieb so gut gelungen ist, sich derart tief zu entspannen. Vielleicht war ja auch genau zu diesem Zeitpunkt eine tiefe Entspannung für Seele, Körper und Geist wichtiger als eine Kontaktaufnahme. Betrachten Sie es durchaus auch aus dieser Perspektive und ärgern Sie sich bitte nicht darüber. Sie haben lediglich bekommen, was Sie offensichtlich so dringend benötigten.

Starten Sie an einem anderen Tag erneut einen Versuch. Sie werden sehen, Sie schaffen es ganz sicher, Ihr Ziel zu erreichen.

Wie viel „Zeit" hat man während einer Kontaktaufnahme?

Wie geht es nun weiter, nachdem Sie den angestrebten Weg zu ihrem spirituellen Führer gefunden haben? Wie viel Zeit steht Ihnen zur freien „Verfügung", um sich mit ihm oder ihr auszutauschen, bevor sich das Tor zur anderen Dimension wieder schließt?

Alles, was nach der ersten Kontaktaufnahme geschehen wird, ist von Mensch zu Mensch vollkommen unterschiedlich zu beurteilen. Niemand vermag im einzelnen zu sagen, was der jeweilige Begleiter für seinen „Schützling" an Informationen und Botschaften bereit hält.

Genauso wird es sich auch mit der Dauer des Kontaktes verhalten. Auch Zeit ist ein vollkommen individueller Faktor, der von Mal zu Mal, von Experiment zu Experiment verschieden sein kann. Einzig Sie selbst werden im Verlauf vieler Zusammenkünfte (vielleicht!) in der Lage sein, sich hierüber ein ungefähres Bild machen zu können, zumal die Dauer einer Befragung/eines Kontaktes sehr stark von der Ihnen zur Verfügung stehenden Energie und natürlich auch der Ihres Freundes abhängig sein wird. So, wie jeder Mensch nur über ein gewisses Potenzial an körperlicher und mentaler Energie verfügen kann, so gebietet auch Ihr spiritueller Führer nicht über unerschöpfliche mentale Energiequellen. Obgleich die Energiereserven eines Wesens von der anderen Ebene sehr viel höher sind als unsere menschlichen, so bedeutet das noch lange keine endlosen Sitzungen ohne Ermüdungserscheinungen auf beiden Seiten.

Sie werden auch hierbei sehr schnell spüren und erkennen, dass eine Kontaktaufnahme zu Ihrem Freund immer nur so lange dauern wird, wie es gut für Sie ist. Anders ausgedrückt: Ihre mentalen Energiereserven werden nur so weit verbraucht, wie es Sie und Ihren Körper nicht zu sehr schwächt Sie werden nach jeder Kontaktaufnahme das deutliche Gefühl von Müdigkeit verspüren, doch davon brauchen Sie sich absolut nicht beunruhigen zu lassen, da dieses Gefühl meist sehr schnell wieder vergeht. Sie sollten sich allerdings danach schon noch ein paar Minuten Zeit der Ruhe gönnen und nicht sofort wieder aufspringen, um hektisch zur „Tagesordnung" überzugehen.

Dies ist ein weiterer Grund, Ihre ersten Kontaktversuche in die Abendstunden zu verlegen, denn auf diese Weise unterliegen Sie selbst nicht dem Druck, danach noch „funktionieren" zu müssen, (es sei denn Sie arbeiten in Wechselschicht) und Sie haben Gelegenheit, das Gefühl der inneren Ruhe und Entspannung mit in den Schlaf zu nehmen.

Was nun die vorhandenen Energiereserven Ihres Freundes anbelangt, so sei hier bemerkt, dass diese sehr stark abhängig davon sind, wie viel er/sie für die Kontaktaufnahme einerseits verbraucht und andererseits für das Verweilen auf unserer Ebene aufwenden muss. Natürlich haben Sie durch Ihre Vorbereitungen einen erheblichen Anteil daran, dass eine Fühlungnahme zwischen den Ebenen möglichst „leicht" zustande kommt, doch die Energie, welche für die Dauer dieser Verbindung zu Ihnen und somit den Aufenthalt auf unserer Ebene benötigt wird, muss Ihr spiritueller Führer aus sich selbst und den ihm zur Verfügung stehenden Ressourcen aufbringen. Es ist für die meisten dieser Wesen durchaus nicht immer einfach, die Barriere zwischen den Ebenen zu durchdringen, um danach dann auch noch mit den Menschen in Verbindung zu treten. Dies bedeutet, dass Ihr spiritueller Freund einen wesentlich größeren Mehraufwand an Energie aufbringen muss als Sie. Natürlich könnte er, sofern er das wollte, dazu auch auf Ihre mentalen Reserven zurückgreifen, um auf diese Weise die Verbindung zwischen ihnen beiden so lange wie möglich aufrecht zu erhalten. Doch ein solches Verhalten würde Ihnen einen unverhältnismäßig hohen Energieverbrauch abverlangen und könnte Sie auf Dauer sogar nachhaltig schwächen. Sie würden sich an Seele, Körper und Geist geschwächt fühlen, sofern Sie sensibel genug sind dies wahrzunehmen, oder besser gesagt, sofern Sie wissen welchem Umstand dieses Missempfinden zuzuordnen ist. Um einer derartigen Destabilisierung Ihrer mentalen Energiereserven vorzubeugen, wird der Kontakt zwischen Ihnen und Ihrem spirituellem Führer von diesem immer genau zu jenem Zeitpunkt unterbrochen, wo es beginnt, zu Kräfte zehrend für Sie zu werden.

An dieser Stelle sollte vielleicht noch deutlich darauf hingewiesen werden, dass selbstverständlich auch Sie selbst, wann immer Sie wollen, den Kontakt unterbrechen können. Da Sie sich weder im Zustand der Hypnose befinden noch in Trance, haben Sie zu jedem Zeitpunkt Ihrer Fühlungnahme die Initiative in der Hand. Nur wenn die Gefahr besteht, dass Sie die Kontaktaufnahme auf ein für Ihre Gesundheit unzumutbares Maß ausdehnen wollen, wird Ihnen diese genommen. Es steht Ihnen also jederzeit frei, sich von Ihrem spirituellen Freund zu verabschieden und damit die Sitzung bis auf weiteres zu beenden. Dies ist ein nicht zu unterschätzender Vorteil, denn dadurch haben Sie stets das Gefühl, die „Zügel" in der Hand zu halten und Ihre Kontaktaufnahme so gestalten zu können, dass diese in für Sie fruchtbare Regionen gelenkt wird (es sei denn, es kommt mal vor, dass Ihnen aus genannten Gründen die Antworten auf Ihre Fragen versagt bleiben).

Wie geht es nach der ersten Kontaktaufnahme weiter?

Auch das gehört zu jenen Dingen, die Ihnen ganz allein überlassen werden, aber wenn Sie es wünschen, können Sie natürlich schon im Laufe der nächsten Tage für weitere „Trainingseinheiten" sorgen. Oder aber Sie sind der Meinung, das erste Erlebnis einer Fühlungnahme zu ihrem spirituellem Führer erst einmal in aller Ruhe und Gemütlichkeit verarbeiten zu müssen. Auch das ist völlig in Ordnung.

Unsere bisher gesammelten Erfahrungen zeigen, dass die meisten Menschen es bevorzugen, zumindest einen, eher aber zwei und mehr Tage der Ruhe einzulegen, bevor sie für eine weitere Kontaktaufnahme bereit sind. Dies aber nicht deshalb, weil diese Menschen womöglich einer Regenerationsphase bedürfen, so wie das mitunter nach intensiven geistigen oder anstrengenden körperlichen Aktivitäten nötig ist, sondern weil das hinter ihnen liegende emotionale Erlebnis von besonderer Tragweite für sie ist.

Entscheiden Sie rein nach Ihrem „Bauchgefühl", ab wann Sie wieder bereit dazu sind, ein weiteres Mal mit Ihrem spirituellem Führer zusammenzutreffen! Nutzen Sie aber bitte - soweit das möglich ist - die folgenden Tage bis zum Vollmond, da mit der Zunahme des Mondes auch ihre Fähigkeit zur Kontaktaufnahme steigen wird und Sie zu dieser Zeit auch mehr an mentaler Energie zur Verfügung haben.

Von jetzt an bleibt es Ihnen selbst überlassen, wie oft und wann Sie den Kontakt zu ihrem Freund suchen möchten. Sie werden im Verlauf der Zeit sicherlich feststellen können, dass es Ihnen immer leichter fällt, diese Art der „Kommunikation" zwischen den beiden Ebenen herbeizuführen und auch, dass Sie diesen Kontakt, wann immer Sie wollen, zu jeder beliebigen Zeit und an jedem Ort anstreben können. Sie werden dazu auch nicht mehr den „Aufwand" wie anfangs betreiben müssen, um an Ihr Ziel zu gelangen.

Trotzdem sollten Sie das, was Sie gelernt haben, nicht als eine Selbstverständlichkeit betrachten, sondern schon als etwas Besonderes. Und Sie sollten sich auch immer mal bewusst machen, wie viel Nutzen Sie aus diesen Kontakten für sich selbst in allen Bereichen Ihres Lebens ziehen.

Teil 2:
Kontaktaufnahme für Fortgeschrittene - Kontinuierlicher Ausbau der gewonnenen Fähigkeiten

Bleiben wir zunächst noch bei der oben beschriebenen Methode. Es gibt, nachdem Sie sich nach einiger Zeit des „Übens" auf sicherem Boden bewegen, einige unterstützende Maßnahmen, um Ihre natürliche/angeborene Sensibilität für gechannelte Botschaften und auch Ihre mentalen Energiereserven zu erhöhen.

Eine unterstützende Maßnahme: Das Tragen eines Edelsteins

Wie eingangs schon erwähnt, haben bestimmte Mineralien/ Edelsteine/ Halbedelsteine bei der Kontaktaufnahme mit der anderen Ebene eine nicht zu unterschätzende Wirkung auf seinen Träger. So, wie der **Rosenquarz** dazu dient, Sie Ihre innere Ruhe und Ausgeglichenheit finden zu lassen, und ein **Bergkristall** sozusagen als „Verstärker" Ihrer eigenen Energien fungiert, so kann ein **Amethyst** einen nicht unerheblichen Beitrag dazu leisten, Ihre angeborene Sensibilität für übersinnliche Wahrnehmungen auf verblüffende Weise zu schärfen.

Gehen Sie beim Kauf und bei der anschließenden Reinigung „Ihres" Steins (der von beliebiger Größe sein kann, aber je größer, desto besser - vielleicht faustgroß) ebenso vor, wie wir es bereits beschrieben haben, und lassen Sie sich bei der Auswahl Ihres Steins bitte genügend Zeit. Denken Sie beim Kauf auch daran, dass dieser magische Stein künftig dabei hilft, Ihre Sensibilität zu schärfen, da er direkten Zugang in die andere Bewusstseinsebene und jenseitige Dimension besitzt. Das bedeutet für Sie, dass dieser Stein ganz besonders geeignet ist, alle jenseitigen Schwingungen aufzunehmen, die sich ihm „zur Verfügung" stellen. So, wie viele der anderen Mineralien die mentalen „Schwingungen" ihrer Vorbesitzer oder desjenigen, der sie berührt hat, speichern können, so besitzt der Amethyst zusätzlich die Fähigkeit, alle jenseitigen Schwingungen zu speichern, die seinen Vorbesitzer umgaben. Legen sie also besonderes Augenmerk auf die Auswahl des Steins und anschließend auf dessen Reinigung. Sie dürften inzwischen sensibel genug sein, um zu spüren, ob ein Stein, den Sie zum Kauf in Erwägung ziehen, gut für Sie oder ob unter Umständen zu viel Negativenergie in ihm „gespeichert" ist.

Wenn Sie Ihren Stein gefunden haben, reinigen Sie ihn wie bereits beschrieben. Allerdings sollten Sie bei Ihrem Amethyst unbedingt noch Folgendes beachten. Da Sie dieses Exemplar ganz speziell zum Zweck der Kontaktaufnahme erworben haben, sollten Sie ihn nachts nicht am Körper tragen und auch nicht in Kopf- oder Körpernähe legen, sondern in einem dem Schlafraum fernen Zimmer offen und vielleicht in die Nähe dreier Bergkristalle aufbewahren, damit Ihr Amethyst Gelegenheit findet, die von ihm gespeicherten jenseitigen Schwingungen abzubauen und diese nicht während Ihres wertvollen Schlafes an Sie und Ihr Unterbewusstsein weiterzuleiten. Dies könnte unter Umständen zu Schlaflosigkeit oder auch zu unangenehmen Träumen bis hin zu Alpträumen führen.

Reinigen Sie Ihren Stein mindestens einmal die Woche, indem Sie ihn unter fließendes Wasser halten, und jeden Monat erneut, indem Sie ihn einer Generalreinigung unterziehen. Wie das funktioniert, wissen Sie ja bereits.

Zum „Laden" dieses Steins sollten Sie Sonnenlicht möglichst meiden, da es seiner besonderen Fähigkeit eher abträglich als nützlich ist. Das Laden übernimmt in diesem Falle folglich besser das silberne Licht des Vollmondes, da dieser Planet der jenseitigen Welt näher steht als das gleißende Goldlicht der Sonne, welche das Symbol des irdischen Lebens darstellt.

Räucherungen, die Ihre medialen Fähigkeiten stimulieren

Im ersten Teil des Buches haben Sie Weihrauch, Salbei und Zimt als „brauchbare" Duftstoffe kennen gelernt, die sicherlich einigen Einfluss auf Ihre Kontaktsuche zur jenseitigen Ebene genommen haben und auch weiterhin nehmen werden, da die feinstofflichen Schwingungen den unsichtbaren Vorhang zur anderen Seite des Seins zu durchdringen vermögen. Diese drei Düfte sollen ihnen künftig auch als Wegbereiter für positive Energie dienen, während die nun folgenden Düfte Ihre mentale Sensibilität für den Empfang gechannelter Botschaften steigern sollen. Sie unterstehen alle dem Planeten Neptun, der zu einem nicht unerheblichem Teil dazu beitragen wird, Ihre Fähigkeit für außersinnliche Wahrnehmung zu steigern. Möglicherweise ist der eine oder andere unter Ihnen auf dem Gebiet der Astrologie so weit bewandert, dass diese Aussage für ihn nichts Neues darstellt. Aber auch wenn Sie auf diesem Gebiet keinerlei Erfahrung besitzen sollten, spielt es für Ihre Arbeit keine Rolle, da es in unserem Fall lediglich um jene Kräuter geht, welche diesem Planeten der Visionen und Wahrnehmungen zugeordnet werden.

Baldrian, Kampfer, Weide, Ulme, Gummiharz und Roter Storax sind jene kleinen, aber dennoch sehr wirksamen „Hilfsmittel", die Ihre zweifelsohne schon vorhandene Sensibilität gegenüber der jenseitigen Ebene noch um ein Beachtliches steigern werden. Der Einsatz dieser Duftstoffe dient der Steigerung ihrer mentalen Empfangsbereitschaft . (Falls Sie hierüber mehr in Erfahrung bringen möchten, so empfehle ich Ihnen dazu das Buch: „Erotische Düfte und magische Räucherungen", Smaragd Verlag).

Allerdings wird sich eine Steigerung Ihrer vorhandenen mentalen Fähigkeiten nicht nur auf das bessere „hören können" Ihres spirituellen Führers beschränken, sondern tatsächlich auf alles, was mit der jenseitigen Welt zu tun hat. Sie sollten also mit dem Einsatz der hier genannten Kräuter so lange warten, bis Sie bereits über eine gewisse innere „Sicherheit" bei der Kontaktaufnahme zu Ihrem spirituellem Führer verfügen. Auch sollten Sie sehr sparsam damit umgehen - weniger ist in diesem Fall sicherlich mehr!

Das selbe gilt auch für die nun folgenden Kräuter, die dem Planeten Mars zuordnet sind und deshalb sehr gut für eine Steigerung der mentalen Energiereserven eingesetzt werden können. So, wie der Planet Neptun die außersinnliche Wahrnehmung zu steigern imstande ist, so verfügt Mars über eine aufbauende, mitunter aber auch zerstörerische Kraft. (Letztere soll hier natürlich nicht näher erklärt werden, da sie keinesfalls Bestandteil Ihrer Arbeit ist).

Benzoe, Tabak Vogelbeerenöl und Nieswurz sind die Kräuter, die diesem Planeten zugeordnet sind und deren Düfte einen großen Teil dazu beitragen werden, dass Ihnen während der Anwendung (was auch hier in Form von Räuchern oder dem Einsatz von Duftlampen geschehen kann) zusätzliche mentale Energien zufließen.

Was nun den Erwerb der oben genannten Räucherwaren anbelangt, so lässt sich zunächst einmal sagen, dass sie bei deren Auswahl genauso vorgehen können, wie im ersten Teil von uns beschrieben. Da hier nun einige Kräuter mehr zur Auswahl stehen, können Sie, bevor sie losziehen, um alle zu erwerben, vielleicht zuerst einmal eine Vorauswahl treffen. Konzentrieren Sie sich einfach auf die Namen der angegebenen Kräuter und Ihre innere Stimme wird die für Sie richtige Entscheidung treffen.

Natürlich lässt sich diese „Vorauswahl" auch ein wenig interessanter und auch ein wenig magischer gestalten, indem Sie die Namen der einzelnen Kräuter jeweils auf ein Stück Papier schreiben und dann einen Zettel nach dem anderen möglichst gleichmäßig zusammenfalten. Konzentrieren Sie sich jetzt auf die vor Ihnen liegenden, zusammengefalteten Zettel, indem Sie mit Ihrer linken Hand (Herzhand!) und wenn Sie wollen mit geschlossenen Augen in geringem Abstand langsam darüber hinweg streichen. Versuchen Sie mental zu „erfühlen", was gut, besser, am besten, oder aber nicht so gut für Sie ist. Sie werden bei dem einen oder anderen Zettel einen deutlichen Unterschied in dessen „Ausstrahlung" wahrnehmen können, auch wenn das alles ein klein wenig Übung erfordert (wie alles im Leben). Und Sie werden sicherlich auch feststellen können, ähnlich wie Sie es von Ihren Kristallen vielleicht schon gewohnt sind, wie unterschiedlich Ihre innere Stimme auf die vor Ihnen ausgebreiteten Zettel reagiert.

Wenn Sie glauben, etwas Gutes „aufgespürt" zu haben, so legen Sie diesen Zettel - als engere Auswahl sozusagen - auf die Seite und fahren Sie fort mit dieser Art des Auswahlverfahrens. Das tun Sie so lange, bis Ihre Intuition sagt: "Stopp, genug - Auswahl ausreichend getroffen."

Wie oft Sie diesen Vorgang wiederholen wollen oder „müssen", hängt einzig und allein von Ihrem Ermessen ab, davon, was die Stimme der Intuition Ihnen vermittelt. So mag es durchaus sein, dass tatsächlich nur ein oder zwei der Düfte/Kräuter für Sie als „passend" zur Auswahl stehen, weil offensichtlich nur diese beiden für Sie geeignet sind. Genauso gut könnten es aber auch einige mehr sein oder aber auch alle. Dann können Sie noch immer entscheiden, ob Sie tatsächlich alle kaufen möchten oder nicht.

Gehen wir zunächst einmal davon aus, dass es sich bei Ihrer Auswahl tatsächlich „nur" um zwei unterschiedliche Düfte/Kräuter handelt, die Sie auf diese Weise für sich ausgewählt haben. Ist das der Fall, dann kann es natürlich sein, dass beide ein und demselben Planeten zugeordnet sind, also entweder Mars oder Neptun. Sollte das auf Sie zutreffen, dann ist dies sicher kein „Zufall" (den es nicht gibt), sondern Ihre intuitive Wahl hat durchaus ihre Berechtigung, weil Sie offensichtlich die Unterstützung einer der beiden Planeten nicht benötigen. Wenn Sie beispielsweise zwei Duftrichtungen des Planeten Mars „gezogen" haben, so brauchen Sie offensichtlich diese unterstützende Kraft, während Ihre Intuition, Ihre mentale Begabung (Neptun zugeordnet) nichts zu wünschen übrig lässt. Sollten Sie zweimal Neptun „gezogen" haben, so könnte das durchaus ein Hinweis darauf sein, dass Ihre Intuition noch ein wenig in den Kinderschuhen steckt und hier ein wenig Hilfe nicht schaden kann, während Ihre Power durchaus brauchbar erscheint.

Wählen Sie nun, einfach einen der beiden Düfte, da es vollkommen ausreichend ist, mit „ nur" einem zu arbeiten. Wenn Sie Abwechslung lieben, steht es Ihnen natürlich frei, beide zu erwerben. Allerdings sollten Sie es nach Möglichkeit vermeiden, beide Kräuter oder Öle gleichzeitig zu verbrennen, da dies zu einer ungewollten Konzentration jenseitiger Energien führen kann, die Ihrer mittlerweile erhöhten mentalen Sensibilität nicht unbedingt zuträglich ist bzw. es hierdurch zu einer mentalen „Überladung" kommen kann.

Haben Sie eine etwas größere Auswahl getroffen, sieht das weitere Vorgehen folgendermaßen aus. Zunächst einmal trennen Sie die von Ihnen ausgewählten Düfte in ihre jeweiligen Kategorien, also in dem Mars Zugehörige und in den Neptun Zugeordneten. Konzentrieren Sie sich jetzt auf die jeweilige Gruppe und wählen sie diejenigen Duftrichtungen aus, welche auf Sie „sympathisch" erscheinen und positive Gefühle in Ihnen auslösen - vorausgesetzt, Sie haben Ihre Sensibilität inzwischen so weit trainiert, dass Sie diese „Technik" des mentalen „Fühlens" ausreichend beherrschen.

Natürlich verfügen Sie auch über die Alternative, alle von Ihnen als geeignet erscheinenden Kräuter zu erwerben, was Sie aber - falls Sie Geld sparen möchten - nicht unbedingt müssen. Treffen sie einfach vorab Ihre Entscheidung, welche der Kräuter Ihnen am besten „gefallen", und achten Sie bitte lediglich darauf - denn das ist wichtig, zumindest in der Anfangsphase Ihrer mentalen Arbeit –, dass Sie zumindest ein Mars betontes und ein Neptun betontes „Kraut" kaufen.

Was nun die Verwendung der von Ihnen gewählten Kräuter anbelangt, so können Sie hierbei ganz genauso vorgehen, wie Sie es im ersten Teil des Buches schon kennen gelernt haben. Da Ihnen jetzt aber bereits zwei unterschiedlich geartete Hilfsmittel in Form von „Düften" zur Verfügung stehen, kommt es als nächstes darauf an, welche der beiden Wirkungsweisen Sie wann für sich nutzen möchten.

Da gibt es sicherlich Tage in Ihrem Leben, an denen es für Sie von großem Vorteil wäre, Ihre mentalen Energien zu „heben", und dann wiederum kann es mitunter vielleicht recht nützlich sein, wenn Sie wissen, wie man die vorhandene mentale „Empfangsbereitschaft" am besten zu fördern vermag. Genauso gut aber besteht natürlich allemal die Möglichkeit, dass beides gleichzeitig einer stärkenden Unterstützung bedarf, oder aber auch Situationen, in denen weder das eine noch das andere Unterstützung benötigt. Um hier das wirklich Richtige für sich herauszufinden, kommt es einzig und allein auf ihre angeborene Fähigkeit des „Fühlens" und „Hörens" an. Dazu müssen Sie lernen, Ihrer Stimme der Intuition genügend Raum zu gewähren.

Je schneller Sie lernen, auf Ihre innere Stimme zuhören, denn von ihr werden Sie allemal erfahren, was das Richtige für Sie ist, desto leichter wird es Ihnen auch fallen, mit den Wesen der anderen Dimension zu kommunizieren und deren Botschaften zu verstehen. Wenn Ihnen Ihre innere Stimme also rät, beide Energien zu aktivieren, dann können Sie das auch getrost tun. Hierbei bleibt es Ihnen überlassen, ob Sie beide Duftstoffe zusammen in ein Gefäß geben oder ob Sie diese getrennt voneinander, aber zur gleichen Zeit, nutzen möchten.

Haben Sie aber das sichere Gefühl, nichts „aktivieren" zu müssen, so ist auch das genauso in Ordnung und Sie können sich getrost ohne diese Hilfsmittel ans Werk machen.

Bäume und Energie

Eine weitere und ebenfalls nicht zu unterschätzende Hilfe zur Steigerung Ihrer mentalen Energien ist die Zuhilfenahme bestimmter Bäume. Jetzt, nachdem Ihre Sensibilität für den Empfang mentaler Schwingungen gefestigt ist, können Sie auch daran gehen, Energien ganz anderer Art für sich nutzbar zu machen.

Nehmen Sie sich einmal die Zeit und stellen Sie sich in aller Ruhe vor einen Baum Ihrer Wahl, um den Anblick, den er uns und der Natur bietet, ganz einfach auf sich einwirken zu lassen. Natürlich ist so ein Baum für die meisten Menschen wenig mehr als ein Rohstofflieferant oder vielleicht gerade noch eben etwas, dessen Anblick zur Verschönerung der Landschaft beiträgt. Kaum ein Mensch der heutigen Zeit sieht in diesem prächtigen Gewächs noch das, was es wirklich ist: ein lebendes Wesen, geschaffen vom Schöpfer allen Seins, ein pflanzliches Wesen, ohne das es uns Menschen nicht einmal möglich wäre, auf unserem Planeten zu überleben.

In diesem pflanzlichen Wesen vereinigt sich die Energie unseres Planeten, in dessen fester Materie der Baum verwurzelt ist, und die Energie der Sonne, ohne die es auf unserem Planeten ebenfalls kein Leben gäbe. Seit jeher nutzt der Mensch diese in einem Baum gespeicherte Energie, um sich in kalten Nächten an ihr zu wärmen und um Licht in die Dunkelheit der Nächte zu bringen. Manche aber nutzten und nutzen noch immer jene in den Bäumen gespeicherte Energie, um damit ihre spirituellen Fähigkeiten zu steigern. Es ist durchaus möglich, die einem Menschen innewohnenden mentalen Kräfte mit denen eines Baumes so zu verschmelzen, dass auf diese Weise die spirituelle Empfangsbereitschaft gesteigert wird.

Um eine derartige Steigerung Ihrer mentalen Kräfte zu bewirken, bedarf es tatsächlich nur wenig. Sie müssen kaum nennenswerten Aufwand hierfür betreiben und kostenlos ist es noch dazu. Zunächst einmal sind Sie aufgefordert, den für Sie „passenden" Baum ausfindig zu machen, worauf wir anschließend noch etwas näher eingehen werden. Ist das geschehen, dann umrunden Sie „Ihren" Baum zuerst einmal und fassen dabei an seinen Stamm, um mit dieser Geste eine erste Vertrautheit aufzubauen. Vielleicht schließen Sie dabei die Augen, um so ein noch intensiveres Gefühl der Nähe zu dem Baum Ihrer Wahl zu gewinnen. Anschließend lehnen Sie sich mit dem Rücken an den Stamm, wobei es Ihnen überlassen bleibt, ob Sie dies im Stehen oder im Sitzen tun möchten. Schließen Sie nun abermals die Augen und konzentrieren Sie sich voll und ganz auf Ihren Baum und auf dessen Energieströme, die da sehr reichlich fließen. Es wird in aller Regel sicherlich nicht lange dauern, bis sich ein erster kleiner Erfolg in Form eines Prickelns entlang ihres Rückrades einstellt. Vielleicht verspüren Sie auch eine sehr angenehm wirkende aufsteigende Wärme, die sich wohltuend und gleichmäßig über Ihren ganzen Körper ausbreitet.

Mit dieser nun durch Sie hindurch strömenden Energie werden Sie sehr gut in der Lage sein, Ihren spirituellen Führer zu kontaktieren, ohne Gebrauch von Ihren eigenen mentalen Energiereserven machen zu müssen. Im Gegenteil, Sie werden auf diese sehr angenehme Weise (vorausgesetzt natürlich, es stört Sie niemand und Sie haben sich angenehmes Wetter ausgesucht) die Dauer einer mentalen Kontaktaufnahme um einiges steigern können, ohne dass sie im Anschluss unter Ermüdungserscheinungen leiden.

Allerdings, sollte auch diese recht angenehme Variante der mentalen Energiesteigerung nicht übermäßig beansprucht werden, da der Geist eines Menschen nur bis zu einem gewissen Grad einer mentalen Überbeanspruchung stand hält und in manchen Fällen die Gefahr von anschließender Verwirrtheit bestehen könnte. Doch das sind Extremsituationen und ein vernünftiger Mensch wird es so weit natürlich gar nicht erst kommen lassen.

Bevor wir nun daran gehen, Ihnen zu erklären, wie Sie den für Sie am besten geeigneten Baum ausfindig machen, wollen wir es nicht versäumen, Sie auf ein - wenn man so will - zusätzliches Geschenk aufmerksam zu machen, das Sie bei dieser Form von mentaler Energiesteigerung dazu bekommen. Wie wir schon erwähnten, ist ein Baum ein lebendes Wesen. Und wie jedes lebende Wesen auf unserem Planeten eine Seele besitzt, so nennt auch der von Ihnen gewählte Baum eine Seele sein eigen. Mit dieser Seele nun können Sie, wenn Sie wollen, ebenfalls in mentalen Kontakt treten. Alles, was Sie hierzu tun müssen, ist, sich genau so mit diesem Baum zu verbinden, wie Sie es auch bei ihrer mentalen Energieaufnahme getan haben. Sobald Sie das sichere Gefühl verspüren, völlig eins zu sein mit Ihrem Baum, konzentrieren Sie sich auf Ihren Wunsch einer Fühlungnahme zu dessen Seele. Natürlich wird ein derartiger Kontaktversuch nicht so geartet sein, wie Sie es nun schon von Ihrem spirituellem Führer gewohnt sind, das zu erwarten wäre wohl zuviel verlangt. Vielmehr wird die mentale „Konversation" zwischen einer pflanzlichen Seele und der eines Menschen auf visueller Ebene stattfinden, also in einer Art Bildersprache, was andererseits nicht bedeutet, dass es deshalb nicht möglich wäre, auch den Hauch von Gefühlen zwischen Mensch und Baum zu erfassen. Es kommt in diesem speziellen Fall lediglich darauf an, wie sensibel Sie selbst sind und wie stark der zwischen Ihnen und diesem Baum bestehende energetische Strom fließt.

Es ist also durchaus denkbar, dass Sie Gefühle wie Freude, Schmerz oder auch Trauer vermittelt bekommen, während Ihnen das, was Ihr Baum Ihnen mitteilen möchte, anhand von Bildern übertragen wird. Wenn Sie nun mit diesem Baumwesen in einen derartigen Kontakt treten möchten, sollten Sie bitte unbedingt darauf achten, Ihre Fragen so einfach formuliert wie möglich vorzutragen. Ein weiteres Plus wäre auch, all das, was Sie von der Baumseele wissen möchten, Ihrerseits anhand mentaler Bilder zu unterlegen, da so eine effektivere Kontaktaufnahme zustande kommen wird.

Natürlich wird es bei einer derartigen Fühlungnahme keinesfalls um für Ihre persönliche Entwicklung wichtige Dinge gehen, sondern eben „nur" um einen gewissen Austausch zweier Seelen, die aneinander Interesse zeigen. Mit Sicherheit jedoch wird ein derartiger Versuch für jeden, der ihn durchführen möchte, ein Erlebnis der ganz besonderen Art sein, das man sich keinesfalls entgehen lassen sollte. Sie glauben das nicht? Nun, dann sollten Sie es so schnell wie möglich versuchen!

Wie finde ich „meinen" Baum?

Wie finde ich genau den Baum, der optimal zu mir passt? Hierzu bieten sich Ihnen zwei Alternativen.

Alternative eins baut ausschließlich auf Ihre Intuition und ist auch diejenige, welche sich am einfachsten anwenden lässt. Um den zu Ihnen passenden Baum zu finden, werden Sie sich zunächst einmal an einen Ort begeben müssen, an dem es Bäume in möglichst großer Auswahl gibt. Das muss nun nicht immer gleich ein Wald sein, obwohl dort naturgemäß die größte Auswahl vorhanden sein wird, wenn es sich nicht gerade um eine Monokultur handelt. Derlei Massenanpflanzungen von ein und der selben Art sind nicht unbedingt dazu geeignet, die in einem Menschen wohnenden mentalen Energien zu erhöhen, da hier oft ein großer Anteil an Negativenergie angetroffen werden kann.

Im Gegenteil dazu hat ein Mischwald einen gesunden Ausgleich an positiven und negativen Schwingungen. Er ist schon aus diesem Grund aus sich selbst heraus gesünder und wird diese Ausstrahlung gleichzeitig auch auf jedes Lebewesen übertragen, das sich in ihm aufhält. Achten Sie einfach einmal auf Ihre unterschiedlichen Gefühle während eines Aufenthaltes in einer Monokultur bzw. wenn Sie sich in einem gesunden Mischwald bewegen. Sie werden den Unterschied sehr schnell bemerken, schon deshalb, weil Sie durch Ihre bisherigen Erfolge, die Sie durch Ihren spirituellen Führer erfahren durften, um einiges sensibler bezüglich dem „Erkennen" mentaler Schwingungen geworden sind.

Wie schon gesagt, muss der für Sie geeignete Baum nicht unbedingt in einem Wald stehen, Sie können ihn genauso gut in einem Park finden oder gar in Ihrem eigenen Garten, sollten Sie in der glücklichen Lage sein, ein Stückchen Natur zu besitzen. Es kann auch gerne dieser „Einzelgänger" sein, der fernab der Ortschaft, einsam und alleine einen Hügel ziert und der Ihnen schon immer so gut gefiel. Sie sehen schon, was gemeint ist.

Alles, was Sie tun müssen, um auf das für Sie geeignete Objekt zu stoßen, ist, mit möglichst offenen Sinnen durch einen Wald, durch einen Park oder auch durch Ihren Garten zu gehen und sich den oder die Bäume ihrer Wahl anzusehen. Es spielt hierbei keine Rolle, welche Größe der von ihnen ausgewählte Baum hat. Genauso wenig spielt es eine Rolle, welcher Gattung er angehört. Was zählt, ist einzig das Gefühl das Sie dem Baum Ihrer Wahl entgegenbringen, nur das allein ist ausschlaggebend. Natürlich wird es an dieser Stelle nicht möglich sein, all die Varianten von Empfindungen zu beschreiben, die Sie eventuell haben könnten. Verlassen Sie sich einfach auf

Ihre Intuition, sie wird Ihnen schon sagen, was für Sie das Richtige bzw. welcher Baum für Sie der optimale ist.

Die zweite Alternative, den passenden Baum für sich zu finden, bezieht sich auf das keltische Baumhoroskop, wonach jeder Mensch anhand seines Geburtstages einem bestimmten Baum zugeordnet werden kann. Vielleicht haben Sie davon schon gehört und gewiss ist auch der eine oder andere unter Ihnen, der schon weiß, welchen Baum er in dieser Zuordnung darstellt. Für diejenigen unter Ihnen, die dies noch nicht wissen, haben wir die folgende Tabelle, anhand derer Sie leicht ersehen können, welchem Baum Sie zugeordnet sind.

23.12.-01.01.	Der Apfelbaum	25.06.-04.07.	Der Apfelbaum
02.01.-11.01.	Die Tanne	05.07.-14.07.	Die Tanne
12.01.-24.01.	Die Ulme	15.07.-25.07.	Die Ulme
25.01.-03.02.	Die Zypresse	26.07.-04.08.	Die Zypresse
04.02.-08.02.	Die Pappel	05.08.-13.08.	Die Pappel
09.02.-18.02.	Die Zeder	14.08.-23.08.	Die Zeder
19.02.-29.02.	Die Kiefer	24.08.-02.09.	Die Kiefer
01.03.-10.03.	Die Trauerweide	03.09.-12.09.	Die Trauerweide
11.03.-20.03.	Die Linde	13.09.-22.09.	Die Linde
21.03.	Die Eiche	23.09.	Der Ölbaum
22.03.-31.03.	Die Haselnuss	24.09.-03.10.	Die Haselnuß
01.04.-10.04.	Die Eberesche	04.10.-13.10.	Die Eberesche
11.04.-20.04.	Der Ahorn	14.10.-23.10.	Der Ahorn
21.04.-30.04.	Der Nussbaum	24.10.-11.11.	Der Nußbaum
01.05.-14.05.	Die Pappel	12.11.-21.11.	Die Kastanie
15.05.-24.05.	Die Kastanie	22.11.-01.12.	Die Esche
25.05.-03.06.	Die Esche	02.12.-11.12.	Die Hainbuche
04.06.-13.06.	Die Hainbuche	12.12.-21.12.	Der Feigenbaum
14.06.-23.06.	Der Feigenbaum	22.12.	Die Buche
24.06.	Die Birke		

Der Unterschied zwischen der ersten und der zweiten Alternative besteht nun darin, dass Sie zum einen nicht erst lange nach Ihrem Baum suchen müssen, und zum anderen, dass die Eigenschaften Ihres Baumes, den Sie anhand der Tabelle für sich ermittelt haben, sich auch zum Teil in Ihrem Charakter widerspiegeln.

Sie haben nun die Möglichkeit, sich tatsächlich für jenem Baum zu entscheiden, dem Sie zugeordnet sind, oder Sie greifen zur ersten Alternative und vertrauen alleine auf ihr Gefühl bei der Wahl Ihres ganz persönlichen Baumes.

Beiden Möglichkeiten können Sie vertrauen. Es ist lediglich von großer Wichtigkeit, dass Sie sich für die Alternative entscheiden, die Ihnen besser gefällt, und von noch größerer Wichtigkeit ist, dass Ihnen Ihr Baum auch wirklich so richtig sympathisch ist!

Wenn Sie allerdings dem Feigenbaum, der Zypresse oder gar dem Ölbaum zugeordnet sind, werden Sie ohnehin auf die erste Möglichkeit zurückgreifen müssen, da es eher unwahrscheinlich ist, in unseren Breitengraden auf diese Bäume zu treffen. Vielleicht versuchen Sie es auch einfach mit beiden Varianten und entscheiden dann, welche für sie am meist versprechenden ist.

Suchen Sie Kult- und Kraftplätze auf!

Eine weitere Möglichkeit, Ihre mentalen Kräfte und Fähigkeiten zu steigern, bietet sich auch immer dann, wenn Sie Idealerweise einen dieser Kraftorte in Ihrer Nähe haben. Schon unsere Vorfahren - insbesondere natürlich jene Seher und Druiden - wussten diese besonders energiereichen Orte der Kraft zur Steigerung ihrer mentalen und magischen Fähigkeiten zu schätzen. Aber auch Menschen der heutigen Zeit, die sich intensiv mit den Lehren längst vergangener Zeiten befassen, wissen um den alten „Zauber", der sich auf wunderbare Weise im Boden dieser Kultplätze von einst manifestiert hat. Tun Sie es ihnen gleich!

Nun werden Sie sich natürlich fragen, wie Sie einen solchen Ort ausfindig machen können. Auch das ist in aller Regel kein allzu großes Problem, denn selbst jene Menschen die nicht über die nötige Sensibilität eines Rutengängers beispielsweise verfügen, können diese Orte der Kraft „ausfindig" machen. Es gibt auch hierfür wieder mehrere Möglichkeiten die Ihnen zur freien Auswahl stehen und die allesamt ohne nennenswerten Aufwand durchführbar sind.

Möglichkeit eins und vielleicht die einfachste Variante: Sie besuchen einen der immer wieder angebotenen Vorträge über Kraftplätze und Geomantie. Dort werden Sie vom jeweiligen Dozenten sicherlich etwas über die in Ihrer Nähe befindlichen Orte in Erfahrung bringen können. Vielleicht fragen Sie der Einfachheit halber den Dozenten ganz gezielt danach oder Sie erkundigen sich bei einem der Anwesenden Teilnehmer, denn es wird sich bestimmt der eine oder die andere finden, der/die Ihnen darüber etwas zu sagen weiß. Sie werden staunen, wie viele Gleichgesinnte sich zu solch einem Vortrag zusammenfinden.

Möglichkeit zwei: Studieren Sie eine Wanderkarte ihres Umlandes. Oft findet man auch hier Hinweise, die auf Kraft- oder Kultplätze (wie man diese Orte nennt) schließen lassen. Nehmen wir zum Beispiel die Bezeichnung Druidenhain oder Altarstein; das sind bereits durchaus brauchbare Hinweise darauf, dass Sie es hier mit einem dieser Kraftplätze zu tun haben. Des weiteren soll nicht unerwähnt bleiben, dass auch natürlich entstandene Quellen, die auf einer Wanderkarte verzeichnet sind, durchaus Orte der Kraft für Sie darstellen können.

Wir schreiben hier bewusst, „darstellen können", weil nicht jeder Mensch und jede Kraftquelle kompatibel sind. Es kommt auch hier, genauso wie bei den vorangegangenen Aufgaben, auf Ihre Feinfühligkeit für mentale Schwingungen an. Denn ganz egal, welchen speziellen Ort Sie auch für sich ausfindig machen, Sie werden sehr schnell spüren, ob es der Richtige für Sie ist oder nicht! Wenn Sie auch nur den kleinsten Anflug von Unbehagen ins sich spüren, wenn sich auch nur ansatzweise Ihre Nackenhaare sträuben oder sich ein unangenehmes Gefühl in der Magengegend ausbreitet, dann wäre es auf alle Fälle besser für Sie, wenn Sie Ihre Suche fortsetzen, eben so lange, bis Ihnen Ihre Intuition sagt, dass Sie endlich „fündig" geworden sind. Ein Ort der Kraft soll Energie und Wohlbehagen vermitteln, keinesfalls darf er Unbehagen oder gar Gefühle der Angst in Ihnen erzeugen! Solch ein Ort mag dann gewiss ganz „passabel" für Leute mit einer ausgeprägten Vorliebe für Negativenergien sein, Sie aber sollten sich diese Form von Energie besser nicht antun!

Möglichkeit drei, ist für jene Menschen vielleicht eine brauchbare Alternative, die sich in bestimmten Gebäuden wohl und sicher fühlen. Suchen Sie, sollten Sie dieser Gruppe angehören, beispielsweise eine „passende" Kirche oder Kapelle auf, die an exponierter Lage steht. Das ist beispielsweise sehr häufig der Fall, wenn diese alten Gemäuer weithin sichtbar auf einer kleinen oder großen Anhöhe stehen. Sie können in einem solchen Fall durchaus sicher sein, dass es sich bei diesen Plätzen um ehemalige Kultstätten oder eben Kraftplätze handelt, denn unsere Vorfahren achteten sehr genau darauf, wohin oder worauf sie ihre Gotteshäuser bauten. Es ist tatsächlich so, dass man derartige Orte - in den Anfängen der Christianisierung - ganz bewusst auswählte, um den damaligen heiligen Männern des Volkes (unter anderem auch Druiden) deren Wirkungsstätten zu nehmen. Doch unabhängig davon achteten auch die christlichen Kirchenvertreter beim Bau ihrer Häuser von Anfang an darauf, diese an möglichst energiereiche Orte zu platzieren. Doch zu erklären, was es mit diesen Strahlenfeldern und Kreuzungspunkten auf sich hat, würde den Rahmen dieses Buches sprengen. Es wird jedenfalls kaum ein Gotteshaus älteren Datums geben, an dem nicht einer oder mehrere Kreuzungspunkte zu finden sind. Oft befinden diese sich im Eingangsbereich der Kirche und natürlich im Altarraum selbst. Auch eine Kirche kann also durchaus ein Ort der Kraft sein, an dem Sie ihre mentalen Energien aufladen können. Aber achten Sie bitte auch hier wieder darauf, dass Ihnen das Gebäude irgendwie „sympathisch" erscheint, keinesfalls darf es auf Sie bedrückend oder gar deprimierend wirken.

Möglichkeit vier: Sie besuchen ein Seminar, wo man Ihnen die Grundbegriffe des Rutengehens beibringt, um so in Zukunft vollkommen autark zu sein, was das Auffinden von Kraftplätzen anbelangt. Natürlich ist dies eine nicht ganz billige Methode, aber dafür werden Sie mit ziemlicher Sicherheit den einen oder anderen Nutzen daraus ziehen können. Außerdem begegnet man bei solchen Seminaren Gleichgesinnten, mit denen man sich auf Wunsch auch austauschen kann.

Kraftplatz als Energiequelle

Wenn Sie nun einen solchen Ort der Energie für sich ausfindig gemacht haben und davon überzeugt sind, dass dieser „Energiequell" Ihnen ausgesprochen sympathisch ist, dann setzen oder legen Sie sich dort zunächst einmal nur hin und konzentrieren sich darauf, was sich an diesem Ort „tut" und welche Art von Empfindungen oder Eingebungen Sie selbst dabei verspüren! Schließen Sie die Augen und lassen Sie all das, was an dieser Stätte „präsent" ist, in aller Ruhe auf sich einwirken.

Genau wie bei der Suche nach einem geeigneten Baum, so werden Sie auch hier an diesem Ort der Kraft, schnell ein Gefühl dafür entwickeln, was dieser Grund und Boden in Ihrem tiefen Inneren verursacht. Vielleicht steigen gar Bilder aus Ihrem Unterbewusstsein auf und Sie erfahren ein wenig von der schicksalsträchtigen Geschichte, die sich einst genau an dieser Stelle zugetragen hat. Möglich sind derartige Erlebnisse allemal.

Und wenn Sie das Bedürfnis verspüren, sich mit diesem Ort auf mentale Weise zu verbinden, dann stellen Sie sich möglichst bildlich vor, wie die dort vorhandene Energie nun in jede einzelne Ihrer Zellen die für Sie nützliche mentale Energie einfließen lässt.

Dies könnte - damit Sie eine möglichst genau Vorstellung davon bekommen, wie sich so etwas in die Praxis umsetzen lässt - beispielsweise so aussehen, dass Sie, sobald Sie den Zustand innerer Ruhe erreicht haben, vor Ihrem geistigen Auge eine aufstrebende Energiesäule entstehen lassen. Und dann versuchen Sie - natürlich ebenfalls wieder gedanklich –, in die Mitte dieser Energiesäule zu treten, um auf diese Weise an jener spirituellen Kraft teilhaben zu können, die genau an diesem Ort vorhanden ist. Genauso gut aber können Sie einen Wasserfall aus Energie visualisieren, unter den Sie sich dann gedanklich stellen und der Sie auf diese Weise mit neuer, stärkender Energie versorgt. Aber selbst wenn Sie es vorziehen sollten, gar nichts zu tun und das, was Sie an dieser Stelle vorfinden, ganz einfach nur still zu genießen, so ist das vollkommen in Ordnung. Sie werden in jedem Fall großen Nutzen für sich daraus ziehen können, und sei es nur, dass Sie die nötige innere Ruhe und die wohltuende Stille des Augenblickes finden.

Ein Energiekreis aus reinen Bergkristallen

Eine ebenfalls sehr wirkungsvolle Methode, die im Menschen vorhandenen mentalen Energien zu steigern, ist, die Energie des Kreises aus Bergkristall zu nutzen. Allerdings, das soll hier gleich gesagt sein, ist diese Alternative eine ziemlich kostenträchtige, da Sie - sofern Ihnen diese Methode zusagt - einige größere Exemplare dieser schönen Mineralien benötigen. Bergkristalle zählen nun einmal zu jenen Mineralien, die wegen der großen Nachfrage ihren Preis haben. Der Vollständigkeit halber erwähnen wir auch diese Methode. Zum einen, weil wir immer bestrebt sind, die Individualität eines Menschen zu berücksichtigen, zum anderen, weil es durchaus sein kann, dass gerade Sie zu jenen Menschen gehören, deren Herz für schöne Mineralien schlägt, und Sie daher vielleicht sogar schon einige schöne Bergkristalle Ihr Eigen nennen.

Um möglichst schnell erfolgreich zu sein, sollten Sie allerdings schon vier etwa Handteller große Stücke besitzen. Diese Bergkristalle sollten möglichst rein sein, wobei „rein" hier durchaus zweierlei Bedeutung hat. Zum einen sollten die Steine schon vom äußeren Erscheinungsbild möglichst klar sein, das heißt, der Kristall sollte ohne Einschlüsse und Risse sein und es sollte darauf geachtet werden, dass seine Spitzen ohne Beschädigungen sind. (Sollten Sie allerdings runde Steine haben, so ist das ganz genauso gut). Zum anderen muss auch bei diesen Steinen wieder auf die energetische Reinheit geachtet werden, weil das für Ihre mentale Arbeit nun einmal zu den unbedingt nötigen Voraussetzungen gehört. Wenn Sie also beabsichtigen, diese Methode erproben zu wollen, und Sie sich trotz der relativ hohen Anschaffungskosten diese Steine zulegen möchten, dann achten Sie bitte nicht nur peinlich genau darauf, dass Sie zu Kristallen mit positiver mentaler Ausstrahlung greifen, sondern auch darauf, dass die Steine schön klar sind und möglichst ohne Einschlüsse und abgebrochene Spitzen oder herausgebrochene Stücke. Es kann Ihnen folglich schon passieren, dass Sie in diesem speziellen Fall etwas länger als gewohnt Ausschau nach „Ihren" Steinen halten müssen, als Sie es vielleicht gewohnt sind. Wichtig sollte bei Ihrer Wahl auf jeden Fall sein, dass Sie auf ein optimales Zusammenspiel zwischen Schönheit und Ausstrahlung der Steine achten. Sie müssen sozusagen „Eins" sein mit Ihren Steinen. Nur wenn Sie tatsächlich dieses Empfinden haben, ist es Ihnen tatsächlich geglückt, die für Sie passenden Exemplare zu finden! Ein kleiner Tipp: Kaufen Sie Ihre Steine am besten an einem Vollmondtag und wenn möglich, wenn dieser Vollmond in einem sensitiven Wasserzeichen steht - Sie wissen schon: Fische, Krebs und Skorpion.

Wenn sie schon im Besitz dieser Steine sind, die diesen Ansprüchen genügen, dann brauchen Sie sich also nur noch um deren Reinigung zu kümmern, so wie es bereits angesprochen wurde.

Achten Sie anschließend bitte noch darauf, dass Sie im Anschluss an die Reinigung Ihre Kristalle so aufbewahren, dass diese nicht von jedem, der Sie besuchen kommt, berührt werden können. Es liegt nun einmal in der menschlichen Natur, alles Schöne berühren zu wollen!

Die Kraft der Steine nutzbar machen

Wie machen Sie sich nun die Kraft der Steine nutzbar? Dazu sollten Sie sich zunächst einmal in ihrer Wohnung oder in ihrem Garten, sollten sie einen besitzen, jenen Platz aussuchen, von dem Sie glauben, er sei für Sie sehr Energie fördernd. Wahrscheinlich wird dies sogar der Platz sein, den Sie sich für Ihre erste Kontaktaufnahme ausgesucht hatten. Prinzipiell kann man davon ausgehen, dass jener Platz, an dem man sich am liebsten aufhält, auch genau der ist, an dem man seine körpereigene Energie steigern kann. (Dies ist meist auch automatisch eine Stelle in Wohnung oder Garten, die frei ist von für den menschlichen Körper negativen Strahlungen - nebenbei bemerkt: Hunde lieben diese Plätze, Katzen meiden sie!). Falls Sie also in Gemeinschaft mit Hund oder Katze leben, achten Sie doch einmal darauf, wo sich Ihr Liebling vorzugsweise beim Schlafen aufzuhalten pflegt).

Natürlich steht es Ihnen frei, sich an jedem beliebigen anderen Ort ein derartiges Kraftfeld zu schaffen. Vielleicht gibt es ja für Sie irgendwo dort draußen in der freien Natur einen solchen Lieblingsplatz, der für Sie schon immer ein Ort der Ruhe und Entspannung war. Wenn dem so ist, dann liegt es für Sie sicherlich nahe, sich genau diesen Ort als Ihren ganz privaten Kraftplatz einzurichten. Das einzige, was Sie in diesem Fall noch zusätzlich tun müssen, ist, Ihre Bergkristalle mitzunehmen und Sie an diesem Ort der Ruhe „aufzubauen".

Für Ihr weiteres Vorgehen wäre noch ein kleiner Kompass von großem Nutzen, sollten Sie nicht in der Lage sein, ohne Hilfsmittel die jeweilige Himmelsrichtungen bestimmen können. Legen Sie Ihre vier Kristalle so vor sich auf die Erde, dass jeder der Steine eine Himmelsrichtung symbolisiert. Beginnen Sie damit, den ersten Stein Richtung Osten hinzulegen, dann fahren Sie fort mit Süden, Westen und Norden. Richten Sie die Spitzen der Steine in die Mitte des so entstandenen Feldes, falls Sie Kristalle mit Spitzen besitzen sollten. Es ist wichtig, dass Sie für Ihre anschließende „Mentalarbeit" ausreichend Raum gelassen haben, damit Sie sich in dem so entstandenen Kreis sitzend oder liegend bequem entfalten können. In welche Himmelsrichtung Sie während Ihres Aufenthaltes in diesem Energiefeld blicken möchten, ist im Grunde genommen relativ egal. Folgen Sie dabei ganz einfach wieder der Stimme Ihrer Intuition. Auch die von Ihnen gewählte Tageszeit hat keinerlei Einfluss auf Ihr Vorhaben. Zweckmäßig wäre es jedoch wieder, wenn Sie die Abendstunden für Ihr Vorhaben wählen, da Sie zu dieser Zeit sicherlich die bestmögliche Ruhe erwarten können, es sei denn, Sie leben ohnehin in einer ruhigen, ländlichen Gegend und sind dadurch abgeschieden von lästigen Geräuschkulissen.

Sollten Sie allerdings schon von Natur aus zu denjenigen Menschen gehören, die auf jegliche Art von Energieaufnahme sehr sensibel reagieren, wie beispielsweise durch gesteigerte körperliche und geistige Aktivitäten, so empfiehlt es sich selbstverständlich nicht, ein derartiges Experiment in die Abendstunden zu verlegen, da die Ihnen dabei zugeführte Energie unter Umständen Ihren wohlverdienten anschließenden Schlaf rauben könnte. Sollte das auf Sie zutreffen, so sollten Sie Ihr Vorhaben in die Morgen- oder Vormittagsstunden verlegen. Wenn Ihnen das aus beruflichen Gründen nicht möglich ist, könnten Sie diese Energiearbeit auch auf ein Wochenende legen.

Der Aufenthalt im Energiefeld

Wann, wie oft und wie lange Sie sich in diesem Kraftfeld aufhalten, hängt selbstverständlich ganz von Ihrer eigenen Lust und Laune ab. Sie sollten allerdings nicht vergessen zu berücksichtigen, dass es während eines Aufenthaltes in einem Energiefeld durchaus möglich ist, dass Sie sich zu viel des Guten zumuten. Sobald Sie registrieren, dass sich in Ihrem Inneren ein gesteigerter Drang nach Aktivitäten bemerkbar macht, oder Sie sich plötzlich „irgendwie" nervös fühlen und dieser Zustand nicht unbedingt typisch für Sie ist, sollten Sie es für diesen Tag gut sein lassen und etwas längere Pausen zwischen den einzelnen Aufenthalten in Ihrem Energiefeld einlegen. Das selbe gilt natürlich auch, wenn Sie nach jedem Aufenthalt in Ihrem „Powerzentrum" gesteigerte Nervosität oder gar am selben Tag oder in den Tagen darauf Schlafstörungen bei sich feststellen.

Nebenbei bemerkt steht es Ihnen selbstverständlich auch frei - falls Sie vor Arbeitsbeginn ausreichend Zeit zur Verfügung haben, mit etwas Übung reichen schon 5-

10 Minuten –, auf diese Weise einiges an Energie für die Strapazen des Tages zu tanken. Sie werden schon nach kurzer Zeit feststellen können, was es Ihnen auf Dauer bringt, die eigene Energie auf diese einfache Art und Weise um ein Vielfaches zu steigern. Fortan werden Sie dem Stress eines arbeitsreichen Tages sehr viel besser als vorher gewachsen sein.

Doch nun wieder zurück zu der Situation, in der Sie sich bereits in Ihrem „Energiezentrum" befinden. Sie sitzen oder liegen also innerhalb Ihres selbst geschaffenen Kraftfeldes und haben die Augen geschlossen. An diesem Punkt angelangt brauchen Sie jetzt nichts weiter zu tun, als die für Sie zur Verfügung stehende Energie in sich aufzunehmen. Dabei ist es noch nicht einmal notwendig, dass Sie sich auf irgend etwas Bestimmtes konzentrieren. Sie dürfen dieses Gefühl, das sich da schon bald einstellt, ganz einfach genießen und Sie können sich vollkommen fallen lassen in diese wohltuende Entspannung. Schon bald werden Sie den Energiefluss Ihrer vier Kristalle in Form wohltuender Wärme und/oder auch in Form eines leichten Kribbelns fühlen können, welcher Ihren entspannten Körper auf angenehmste Weise durchströmt.

Die Dauer Ihres Aufenthaltes in diesem „Kreis" bleibt, wie schon erwähnt, völlig Ihrem eigenen Gefühl überlassen. Wenn Sie schon nach relativ kurzer Zeit der Meinung sind, genug an Energie getankt zu haben, obwohl tatsächlich erst einige Minuten vergangen sind, seit Sie sich in das Feld begeben haben, dann sollten Sie sich auch nicht länger darin aufhalten. Hören Sie auf die Stimme Ihrer Intuition!

Es ist nach relativ kurzer Zeit allerdings auch möglich, dass Sie körperlich überhaupt nichts gefühlt haben. Das muss nämlich nicht zwangsläufig so sein. Es kann durchaus auch schon mal vorkommen, dass Sie erst noch ein wenig der Übung bedürfen, um Ihre Gefühle für diese für Sie noch ungewohnten Energien zu sensibilisieren. Aber keine Sorge, selbst wenn Sie anfangs noch nichts dabei empfinden, so werden Sie während Ihres Aufenthaltes in diesem Energiefeld trotzdem in den Genuss kommen, „angereichert" mit der Kraft Ihrer Kristalle zu werden. Denken Sie also bitte daran, dass es nicht immer zwangsläufig so sein muss, dass sich dieser Energiefluss durch spektakuläre Empfindungen äußern wird.

Aber auch das genaue Gegenteil darf hier nicht unerwähnt bleiben, da es immer wieder Menschen geben wird, die auf diese Art von Energie sehr extrem reagieren. So kann es schon geschehen, dass ein medial begabter Mensch dabei relativ leicht in Trance fällt und wunderbare Visionen hat. Es kann auch vorkommen, dass manche Personen sich binnen kürzester Zeit völlig „losgelöst" fühlen und gar einen aufschlussreichen Blick in die Zukunft gewährt bekommen. Sie sehen: Beinahe alles ist möglich.

Der Zusammenschluss mehrerer gleichgesinnter Personen

Des weiteren bietet sich Ihnen noch eine sehr interessante Alternative, die den Zusammenschluss mehrerer gleichgesinnter Personen vorsieht, um auf diese Weise nicht nur die Sensibilität eines Einzelnen zu steigern, sondern auch die mentalen Energien und nicht zu vergessen auch die „Empfangsdauer" medialer Botschaften. Die Anzahl der Beteiligten sollte, einschließlich Ihrer Person, mindestens vier, aber nicht mehr als sieben Personen betragen, da sonst sehr schnell die Übersicht verloren gehen kann und die Gefahr besteht, dass sich gar Energiefelder aufbauen, die von Laien nur schwer in Grenzen gehalten werden können.

Wenn wir hier das Wort „Laie" verwenden, so soll das keinesfalls als Herabwürdigung Ihres Könnens oder dessen, was Sie sich bisher angeeignet haben, betrachtet werden. Man darf aber bei dieser Form mentaler Arbeit keinesfalls vergessen, dass zwischen einem von Natur aus medial begabten Menschen, der diese Fähigkeit also nicht erst noch in sich zu suchen und zu wecken braucht, und jemandem, der beispielsweise mit Hilfe dieses Buches oder mittels anderer Anregungen erst nach und nach die mediale Begabung in sich zum Klingen bringt, noch immer ein relativ großer Unterschied besteht.

Ein medial sehr begabter Mensch, der womöglich bereits von Kindesbeinen an mit der anderen Ebene des Seins in guter und regelmäßiger Verbindung steht, wird keine der hier erwähnten Übungen und Hilfsmittel für sich in Anspruch nehmen müssen, um das zu erreichen, was er möchte. Dieser Mensch hat von Anfang an gelernt, mit den während einer Kontaktaufnahme auftretenden Energien zurechtzukommen und diese in für ihn nützliche Bahnen zu lenken. Zudem wird ein Medium (so nennt man diese Menschen) schon auf Anhieb zu sagen wissen, mit welcher Art von Energie es hierbei zu tun hat, und es wird natürlich auch sagen können, inwieweit es sich auf diese Energie einlassen darf. (Wir erwähnen dies, damit Sie nicht leichtsinnig im Umgang mit der anderen Seinsebene werden und damit Sie nicht vergessen, sich ab und zu bewusst zu machen, dass Sie bei jeder neuen Kontaktaufnahme das Tor zu einer anderen Ebene öffnen, in der nicht nur Ihr persönlicher spiritueller Führer zu Hause ist).

Bevor wir Ihnen sagen, wie eine mediale Arbeitsgemeinschaft aufgebaut werden kann, möchten wir gerne noch einige Sätze darüber anfügen, mit welchen Personen Sie zusammen arbeiten könnten und nach welchen Kriterien Sie diese Leute auswählen sollten. Zunächst ist wichtig, dass sich die Leute, mit denen Sie zu arbeiten beabsichtigen, auch tatsächlich auf Ihrer eigenen mentalen Ebene bewegen. Aber normalerweise kann man auch hier wieder seiner Intuition vertrauen und meist verhält es sich so, dass sich ähnlich geartete „Geister" ohnehin gerne finden. Gleich und gleich gesellt sich gern - dieser Satz trifft auch für diese Situation zu. Außerdem ist wichtig, dass alle Beteiligten auch tatsächlich an dem interessiert sind, was sie künftig miteinander tun werden. Denn natürlich ist es nicht von Vorteil, wenn sich in Ihrer Runde einer oder gar mehrere Leute befinden, die sich Ihrer Gruppe lediglich aus Neugierde angeschlossen haben. Auch Sensationshungrige sind schlechte Wegbegleiter. Neugier und Sensationshunger sind Eigenschaften, die sich im Verlauf Ihrer „Experimente" als nicht zu unterschätzende Störfaktoren entpuppen könnten, die einem guten Gelingen, einer positiven Zusammenarbeit - auch die mit den jenseitigen Freunden - letztendlich ganz erheblich im Wege stehen. Worauf Sie ebenfalls unbedingt achten sollten, ist, dass alle Beteiligten gegenseitige Sympathie füreinander empfinden. Das ist von großer Wichtigkeit, denn sonst werden sich auch aus der jenseitigen Ebene nicht nur positive Gefühle einstellen.

Bei mentaler Arbeit darf natürlich auch keinerlei Konkurrenzdenken unter den beteiligten Personen vorhanden sein und selbstverständlich auch keine Gefühle von Neid, was beispielsweise immer dann sehr leicht der Fall sein kann, wenn nur eine der anwesenden Personen über ausgeprägte mediale Fähigkeiten verfügt und die anderen nicht. Diese negativen Empfindungen stören auf Dauer nicht nur das Gefühl von Harmonie innerhalb der Gruppe, sondern können auch dazu beitragen, dass sich während der Zusammenkunft (damit ist auch die mit jenseitigen Besuchern gemeint) unerwünschten Kontakte aus der anderen Dimension einfinden. Diese wiederum würden sich sehr störend auf jeden Einzelnen der Anwesenden auswirken. (Zu diesem Thema haben die Autoren bereits einige aufklärende Bücher verfasst, die alle im Bohmeier Verlag erschienen sind).

Weiterhin sollten Sie davon überzeugt sein, dass tatsächlich auch ein jeder in Ihrer Gruppe das selbe Ziel verfolgt und seine mentale Energie auf das Erreichen dieses von allen gewollten und besprochenen Ziels fokussiert. Bedenken Sie bitte immer und bei jedem Treffen mit Ihrer Gruppe, dass während der Dauer Ihrer gemeinsamen mentalen Arbeit ein sehr hoher Energiepegel erreicht werden kann, der - wie bereits erwähnt - durchaus auch anderen Wesen als Ihrem spirituellem Führer Zutritt zu Ihrer Ebene verschaffen kann. Sollte sich also einer unter „Ihren" Leuten befinden, dessen Gesinnung nicht unbedingt eine Positive ist und der sich diese Tatsache zu Nutze machen möchte, so wäre dieser Person während ihrer gemeinsamen Arbeit durchaus Gelegenheit geboten, Kontakt zu negativen Wesen herzustellen. Diese Person müsste dies noch nicht einmal laut tun, sondern es würde genügen, wenn dieser Mensch seine Wünsche und Zielrichtungen per Gedankenkraft „aussendet".

Sie sehen also, gegenseitiges Vertrauen ist von großer Wichtigkeit. Schauen Sie sich Ihre Leute sehr genau an und sollte sich in Ihrem Inneren auch nur der leiseste Zweifel zu einer bestimmten Person regen, so wäre es für alle anderen Beteiligten nur von großem Vorteil, wenn Sie Ihr Vorhaben verschieben, bis entweder diese Zweifel ausgeräumt sind oder sich ein guter Ersatz für Ihre Runde gefunden hat.

Nachdem sich alle zusammenpassenden Personen gefunden haben, sollten Sie (bzw. der jeweilige Gastgeber oder die jeweilige Gastgeberin) dafür sorgen, dass der Raum, in dem Sie die „Vereinigung und Potenzierung" Ihrer mentalen Kräfte herbeiführen möchten, so wie beschrieben auf das bevorstehende Ereignis vorbereitet wird. Dabei leisten Ihnen Weihrauch, Salbei und Zimt sehr gute Dienste als Wegbereiter für positive Energien, und die dadurch erzeugten feinstofflichen Schwingungen vermögen den unsichtbaren Vorhang zu anderen Seinsebenen allemal recht mühelos zu durchdringen. Beginnen Sie aber bitte schon einige Zeit vor der geplanten Zusammenkunft, den Raum zu räuchern, und sollten Sie den Wunsch verspüren, Ihr Vorhaben bei Dunkelheit ausführen zu wollen, so sorgen Sie bitte ebenfalls schon vor Beginn für die nötige natürliche Beleuchtung in Form von ausreichend vielen Kerzen.

Bevor Sie nun mit allen anderen die nächsten geplanten Schritte Ihres Vorhabens besprechen, sollten sie vielleicht noch einmal miteinander diskutieren, was und wie genau das gemeinsame Ziel ihrer Arbeit aussehen sollte, damit keiner der Anwesenden hinterher sagen kann, er/sie hätte es nicht genau gewusst. Sie alle sollten sich unbedingt einig darin sein, ob sie „nur" ein gemeinschaftliches „Aufladen" ihrer mentalen Energien anstreben oder ob Sie darüber hinaus vielleicht auch noch Ihren jeweiligen spirituellen Führer kontaktieren möchten.

Wenn sie dann einen gemeinsamen Nenner gefunden haben, stehen ihnen zwei Alternativen zur Verfügung, derer sie sich nach Belieben bedienen können, die aber beide zum selben Ergebnis führen werden.

Gruppen-Kontaktaufnahme

Alternative eins: Sie setzen sich in einer Runde zusammen, idealer Weise an einem runden Tisch, und fassen sich an den Händen (es würde aber auch genügen, wenn Sie nur die Stühle an dem von ihnen gewählten Ort kreisförmig aufstellen und den Tisch weglassen). Setzen sie sich alle in eine für sie möglichst entspannte Position, so dass keiner während der Dauer der Energie- oder Kontaktaufnahme durch unnötige Positionsveränderungen und die damit einhergehenden Geräusche die Konzentration der anderen Teilnehmer stört. Vielleicht wählen sie vor Beginn ihrer gemeinsamen Arbeit zusammen noch eine Person aus, die das Ende der Runde bestimmt, sobald ihr ein Gefühl dazu rät. Es sollte sich dabei eigentlich um jene Person handeln, die über die beste Intuition verfügt oder ohnehin ausgeprägte mediale Fähigkeiten hat. Allerdings kann man es auch so handhaben, dass man bei jedem neuen Treffen einen neuen Teilnehmer aus der Runde dafür bestimmt. Diese Regelung ist allerdings nur dann sinnvoll, wenn der Zweck ihrer Zusammenkunft lediglich der Energieaufnahme dient. Sollte darüber hinaus einer der Teilnehmer an diesem Tage zusätzlich auch noch seinen persönlichen spirituellen Führer kontaktieren wollen, so ist es selbstverständlich an dieser Person, die Runde nach Beendigung des Kontaktes aufzuheben, eben dann, wenn es diese Person für richtig hält.

Natürlich können Sie genauso gut auf das eben Vorgeschlagene verzichten. Allerdings besteht dann die Gefahr, dass immer derselbe Teilnehmer, aus welchen Gründen auch immer, den Kontakt vorzeitig beendet und sich dadurch sehr schnell Unstimmigkeiten innerhalb der Gruppe aufbauen können, die letztendlich zum Abbruch der regelmäßigen Treffen führen. Und das ist natürlich weder Sinn noch Zweck, denn diese Form mentalen Arbeitens sollte Freude bereiten und ein Gefühl von Harmonie vermitteln und sie sollte ferner immer auf dem Fundament der Gleichberechtigung aufgebaut werden, - ohne dass sich ein ungutes Gefühl, getragen von Neid, einschleichen könnte, weil man glaubt, einander in „seinen" Kontakten überbieten zu müssen, oder gar so etwas wie Wut über den Erfolg eines anderen Teilnehmers zu empfinden. Derartige Gefühle begünstigten lediglich das „Einfließen" negativer Energien und brächten keinem der Beteiligten einen Nutzen.

Doch nun wieder zurück zur Praxis! Wenn also jeder der teilnehmenden Personen seinen Platz gefunden hat, fassen Sie sich an den Händen und schließen die Augen. Da sie sich vorab darauf geeinigt haben, welches gemeinsame Ziel Sie während ihrer

Sitzung anstreben, konzentrieren Sie sich nun ganz gezielt darauf. Obwohl dies jeder für sich praktiziert, also wortlos und nur in Gedanken (wobei es erhebliche Unterschiede zwischen den Teilnehmern in der Art, wie sie das tun, geben mag), so wird das Ergebnis immer oder doch meistens eine beachtliche Steigerung dessen sein, was man sonst als Einzelperson erreicht hätte. Natürlich kann es auch hier, wie bei allem im Leben, keine hundertprozentige Erfolgsgarantie geben, da zu viele Unbekannte im Raum stehen, die einem derartigen Unterfangen entgegen stehen können. Und das kann man durchaus wörtlich nehmen!

Konzentrieren Sie sich einfach auf das, was Sie persönlich erreichen möchten, und nehmen Sie die Ihnen dargebotenen Energie, die Sie sicherlich fühlen können, sehr bewusst in sich auf. Wenn es das Ziel Ihrer Zusammenkunft ist, sich lediglich mit der „Aufnahme" mentaler Energien zu befassen, damit sich bei allen Anwesenden die mentalen Speicher „füllen" können, dann wird Ihre gemeinsame „Sitzung" mit hoher Wahrscheinlichkeit nach fünfzehn bis maximal dreißig Minuten beendet sein.

Sollte der Fall eintreten, dass die von der Gruppe gewählte Person den Kontakt beendet, bevor Sie für sich selbst genug Energie aufgenommen zu haben glauben, dann ist dies keinesfalls ein Grund, unzufrieden über den Verlauf der gemeinsamen Arbeit zu sein. Da sie alle in dieser Runde nach dem Rotationsprinzip verfahren, bekommen auch Sie Gelegenheit eingeräumt, die Zeit der Energieaufnahme voll auszukosten. Außerdem werden Sie, ganz egal, ob und wie lange Sie dabei etwas „verspürt" haben, sicherlich von jeder Sitzung profitieren. Und sollte die Gruppe eine medial sehr begabte Person auf Dauer dafür bestimmt haben, die Sitzungen zu beenden, dann gibt es erst recht keinen Grund, unzufrieden zu sein, denn diese Person weiß besser als Sie, wann es gut ist, aufzuhören.

Sollte sich die Gruppe allerdings vorher darauf geeinigt haben, einem ihrer Mitglieder die Kontaktaufnahme zu seinem spirituellen Führer zu ermöglichen, dann kann sich die Dauer der Sitzung unter Umständen auf eine Stunde oder sehr viel länger ausdehnen.

Sie sehen also, es ist durchaus von Bedeutung, wie bequem Ihre Körperhaltung während dieser Zeit ist. Jede durch eine verkrampfte Körperhaltung ausgelöste Unruhe wird sich unweigerlich auf die ganze Gruppe übertragen und damit auch auf den Kontakt Suchenden. Für längere Sitzungen, wie sie im Falle der Zusammenkunft mit einem spirituellem Führer nötig sind, bietet sich noch ein anderer Weg an.

Dies ist die zweite Alternative der Gruppen-Kontaktaufnahme. Schaffen Sie sich am Ort Ihrer Wahl so viel Platz, dass Sie sich alle bequem ausgestreckt auf den Boden legen können. Vielleicht sollte jeder der Teilnehmer eine Decke mitbringen, auf die man sich während der Dauer des „Kontaktens" legt, denn damit ist eine gewisse Bequemlichkeit gewährleistet. Zum einen ist eine weiche Unterlage natürlich sehr viel besser als eine harte und zum anderen ist das auch eine warme Lösung und folglich auch die gesündere. Zusätzlich sollte man an ein kleines Kissen oder eine Nackenrolle denken, um damit für die Dauer des Kontaktes auch den Kopf möglichst angenehm zu betten.

Legen sie sich dann bitte alle so im Kreis auf den Boden, dass die Füße der Teilnehmer wie die Speichen eines Rades zur Mitte des Kreises zeigen, und fassen sie sich wiederum an den Händen, (falls ausreichend viele Personen zur Verfügung stehen, ansonsten berühren sie sich mit den Füßen)! Was nun die durch die Füße gebildete Mitte des Kreises betrifft (die Nabe des Rads, welches Sie nun alle zusammen darstellen), so haben Sie jetzt zweierlei Möglichkeiten:

- Entweder Sie und die anderen Teilnehmer lassen die Mitte offen, was bedeutet, dass sie die Füße der Teilnehmer nicht berühren. Hierbei handelt es sich um die gleiche Art der Energie- oder Kontaktaufnahme, wie wir dies bereits für die sitzende Position beschrieben haben, nur das Sie jetzt nicht sitzen sondern liegen.

- Oder Sie schließen diese Mitte, indem Sie einander mit den Füßen berühren, (was allerdings nur dann gut möglich ist, wenn alle Teilnehmer in etwa gleich groß sind.) Hierbei entsteht eine Art geschlossener „Stromkreis", bei dem Ihre und die körpereigenen Energien der anderen Teilnehmer regelrecht miteinander verschmelzen und sich hierbei auch kein „Austrittspunkt" mehr bietet, um die Körper wieder verlassen zu können.

Vielleicht hilft Ihnen an dieser Stelle zum besseren Verständnis ein kleines Beispiel, welches zeigen soll, um was es hierbei geht. Ähnlich, wie der menschliche Körper ein in sich geschlossenes Kreislaufsystem besitzt, verfügt dieser auch über ein Energiefeld, welches ihn umgibt: die Aura. Dieses Energiefeld ist einem ständigen Wandel, einer ständigen Neuwerdung unterzogen. Das heißt, es gibt beständig von seiner Energie an die Umwelt ab und bekommt diese an anderer Stelle wieder hinzugefügt. Dies nicht zuletzt deshalb, weil der Mensch über vier Extremitäten, also über jeweils zwei Arme und zwei Beine verfügt, an deren Enden ein guter Teil der oben genannten Energie abfließen kann. Da wir Menschen im wahrsten Sinne des Wortes mit beiden Beinen auf der Erde stehen, wird die Erde uns über die Fußsohlen einen Teil der Energie, die wir aus der feinstofflichen Ebene aufnehmen, auch wieder abziehen. Genauso verhält es sich auch mit unseren Armen. Auch hier - an den Fingerspitzen - wird ein Teil dieser Energie nach außen abgegeben und gelangt so in den „Energiehaushalt" der Erde zurück.

Um nun dieses Energiefeld zu stärken, stehen uns Menschen, wie schon erwähnt, einige relativ einfache Methoden zur Verfügung und genauso gibt es diverse Möglichkeiten, das Abfließen dieser Energie zu verlangsamen. Dies können Sie für sich auf eine sehr einfache und unkomplizierte Art erreichen. Das Abfließen dieser Energie geschieht über die äußeren Enden unserer Extremitäten, also über unsere Hände und Füße bzw. über unsere Fingerspitzen und Fußsohlen. Um diesen Energieaustritt zu verlangsamen (ganz verhindern lässt er sich nicht), genügt es wenn Sie, wann immer Sie daran denken und sich Gelegenheit dafür bietet, Ihre Hände aneinander legen oder ineinander falten. Das gleiche gilt natürlich auch für ihre Füße (nur dass Sie sie natürlich nicht falten können). Aber Spaß beiseite! Legen Sie Ihre Füße aneinander und falten Sie Ihre Hände. Jetzt haben Sie einen geschlossenen Kreislauf, durch welchen das Abfließen der Energie verlangsamt wird. Sie bilden nun, ähnlich wie Ihr

Blutkreislauf, ein in sich geschlossenes System, aus dem ein sehr viel geringerer Prozentsatz an Energie nach außen abgegeben wird. Dies ist ein nicht zu unterschätzender Faktor gerade während der Zeit Ihrer mentalen Energieaufnahme. Auf diese einfache Art gelingt es Ihnen relativ mühelos, die dafür eingeplante Zeit zu halbieren.

Wenn Sie diese Methode nun auf Ihre Gruppe übertragen möchten, indem sie sich während ihrer Sitzung nicht nur an den Händen fassen, sondern sich zudem auch noch mit den Füßen berühren, so werden Sie und die anderen Teilnehmer mit ziemlicher Sicherheit eine enorme Steigerung ihrer Aufnahme- und Speicherfähigkeit für mentale Energien erfahren.

Fördern lässt sich dies noch dadurch, dass Sie in die „Nabe Ihres Rades", einen Edelstein „einzubauen". Den dafür am besten geeigneten Stein haben Sie bereits kennen gelernt. Sie wissen inzwischen, dass ein Amethyst die wunderbare Eigenschaft besitzt, Ihre Sensibilität für übersinnliche Wahrnehmungen - und in diesem Fall auch die der anderen Teilnehmer - auf beachtliche Weise zu schärfen. Diesen Stein können Sie, sofern Sie dies möchten, insbesondere immer dann verwenden, wenn Sie selbst oder einer der anderen Teilnehmer Kontakt zum spirituellen Führer wünschen. Legen Sie den Stein so in die Mitte des Kreises, dass ein jeder von Ihnen den Stein bequem mit seinen Füßen berühren kann, sich alle Anwesenden aber trotzdem noch zusätzlich gegenseitig mit den Füßen berühren. Ihre Füße/Zehen berühren also den Amethyst und die Füße des jeweiligen Nachbarn. Aber auch bei dieser Variante halten sich natürlich alle an den Händen (sofern genügend Personen bei dieser Runde teilnehmen) und bilden so ein in sich geschlossenes „System". Man könnte Ihre Gruppe nun mit einer Antennenschüssel vergleichen, in deren Mitte sich jetzt auch noch der Antennenkopf befindet, durch welchen die mentalen Schwingungen der anderen Seinsebene aufgefangen, verstärkt und dann direkt an Sie und die anderen Gruppenmitglieder weitergegeben werden.

Was die Auswahl und die Beschaffenheit des Steins in Ihrer Mitte betrifft, so sollten Sie hierbei auf folgendes achten. Das wäre zum einen die Größe Ihres Steins. Dieser sollte mindestens die Stärke von zwei bis drei nebeneinander liegenden Handflächen aufweisen, aber der Amethyst kann sehr gerne auch bedeutend größer sein. Je größer, je besser! Natürlich steht es Ihnen frei, anstelle eines preiswerten Bruchstückes eine der beliebten und sehr intensiv wirkenden Amethystdrusen[2] zu erwerben. Allerdings wird diese Anschaffung entsprechend teurer sein, denn diese kleinen Wunder der Natur haben schon ihren Preis. Andererseits wird sich diese kostspielige Anschaffung auf Dauer für Sie auszahlen. Es ist kein Geheimnis, dass die Aufnahmefähigkeit und Energieentfaltung einer Amethystdruse logischerweise um einiges höher liegt als die eines einfachen Bruchstückes.

---

[2] „Drusen" nennt man jene Exemplare von Edelsteinen die in „Hälften" angeboten werden und die - wenn sie noch im „Ganzen" sind, in ihrem Inneren einen Kristall gesäumten - und da noch im Ganzen - einen (geschlossenen) Hohlraum haben. Man bekommt diese Exemplare wie gesagt „halbiert" angeboten und benutzt diese u.a. auch zum „Reinigen" (für die Mentale!) anderer Steine, Schmuckstücke, Pendel, usw. indem man diese Gegenstände für eine bestimmte Dauer und zu bestimmten Zeiten - die sehr individueller Natur sind - in diesen (hälftigen) „Hohlraum" legt!

Was nun aber den Erwerb des Steins angeht, so gehen Sie zunächst einmal genauso vor, wie es in diesem Buch bereits besprochen wurde. Die Sympathie zwischen Ihnen und einem dieser Prachtexemplare wird hierbei natürlich wieder eine sehr entscheidende Rolle spielen und falls Sie sich für eine Druse entscheiden, so kommt es in diesem speziellen Fall vielleicht sogar auf das Geschmacksempfinden der gesamten Gruppe an. Denn es kann ja immerhin sehr gut möglich sein, dass Sie und „Ihre" Gruppe auch in Zukunft zusammen arbeiten möchten und dass alle sich am Erwerb dieses Steins beteiligen möchten. Sollte aber auch nur einer unter Ihnen eine wie auch immer geartete Abneigung gegen den Stein hegen, dann kann sich das durchaus auf Ihre gemeinsame Arbeit niederschlagen, was so weit führen kann, dass der gewünschte Kontakt zur anderen Seinsebene erst gar nicht zustande kommt! Es wäre folglich schon sehr wünschenswert, wenn alle Teilnehmer bei der Anschaffung des Steins anwesend sind und nicht nur die Kosten dafür geteilt werden, sondern auch jedem die Chance eingeräumt wird, den Stein einer gründlichen „Inspektion" zu unterziehen!

Vielleicht besuchen Sie zusammen eine Mineralienbörse oder einige Mineralienhandlungen in Ihrer Umgebung (natürlich möglichst bei einem seriösen Händler!). Kaufen Sie nicht überstürzt, denn zur Frage des persönlichen Geschmacks und der Sympathie kommt noch die Frage des Preises, und hier lohnt es sich durchaus, Vergleiche zu ziehen (und noch mehr wird es sich für Sie und Ihre Gruppe lohnen, ein wenig zu handeln).

Reinigung und Aufbewahrung des Gruppen-Amethysts

Die Reinigung des Steins vollziehen Sie bitte genauso, wie Sie es bereits kennen lernten, nur sollte dann bei der Aufbewahrung dieses Steins bzw. der Druse vielleicht eine besondere Regelung getroffen werden. Hierfür bestimmen entweder Sie darüber, wer aus Ihrer Gruppe von Anfang an für Stein und Aufbewahrung verantwortlich ist, oder aber Sie entscheiden sich auch in diesem Fall für das „Rotationssystem", indem der Stein/dieDruse bei jedem neuen Neumond in die Hände eines anderen Gruppenmitglieds übergeben wird. Diese „Übergabe" wird immer durch den jeweiligen Hüter des Steins vollzogen.

Wenn Sie sich für das Rotationssystem entscheiden, dann sollten Sie allerdings bedenken, dass bei der jeweiligen Übergabe natürlich auch alle Mitglieder anwesend sein sollten, denn diese Art der rituellen Übergabe muss möglichst immer zu den gleichen Bedingungen erfolgen und darf daher ruhig auch ein wenig feierlich gestaltet werden. Gemeinsam getragene Verantwortung wirkt sich erfahrungsgemäß sehr positiv auf die gesamte Gruppe aus - ebenso auch kleine rituelle Handlungen. (Und falls Sie ohnehin mit magischen Praktiken vertraut sind, dann ist diese Tatsache für Sie gewiss nichts neues.)

Was nun die Aufbewahrung des Steins anbelangt, so sollte dieser Platz dem Objekt entsprechend würdig sein. Es wäre der Energie und auch den im Stein innewohnenden Eigenschaften vollkommen abträglich, wenn man diesen nach seiner spirituellen Nutzung einfach achtlos in irgend eine Ecke legen würde. Ratsam wäre es statt dessen, wenn Sie Ihren Amethyst während seiner „Ruhephasen" beispielsweise in eine dunkelrote Samtdecke einschlagen würden und ihn an einem nur für ihn bestimmten Ort aufbewahren - möglichst in einem Raum, in dem viel Ruhe herrscht und der nur wenige Stunden des Tages vom Licht der Sonne durchflutet wird. Denkbar wäre eventuell auch eine Glasvitrine, um Ihnen noch eine weitere Anregung zu geben. Aber bedenken Sie auch hier, dass Ihrer eigenen Fantasie keine Grenzen gesteckt sind. Wahrscheinlich fragen Sie sich an dieser Stelle ohnehin schon, weshalb es so wichtig ist, dieses Mineral mit dieser Form von Achtung zu behandeln und warum man den Amethyst nicht einfach „irgendwo" aufbewahren kann. Natürlich, mag so ein Stein keinen allzu großen materiellen Wert besitzen, falls Sie sich „nur" für ein Bruchstück entschieden haben statt für die teure Druse. Tatsächlich aber steigt der mentale - also der spirituelle - Wert des Objektes von mal zu mal an, wenn es von seinem Besitzer mit Liebe, Andacht und dem nötigen Respekt benutzt wird.

Vielleicht erinnern Sie sich in diesem Zusammenhang auch an die eine oder andere Geschichte aus ihrer Kindheit, in der es darum ging, dem Zauberer oder der Hexe den Zauberstab oder einen anderen vermeintlichen Gegenstand der Macht zu entwenden. Hatte man erst einmal diesen Gegenstand der Macht an sich gebracht, dann war somit auch die Macht des Betreffenden dahin und er oder sie vermochten fortan ihre Zauberkräfte nicht mehr frei zu setzen. Natürlich waren es nicht die Zauberkräfte, welche in diesem Gegenstand „enthalten" waren, sondern es handelte sich um mentale Energien, welche der Zauberer oder die Hexe für ihre Zwecke speichern, abrufen und natürlich auch nutzbar machen konnte, wann immer ihnen der Sinn danach stand. Dieser Zauberstab oder Ring oder was auch immer wurde schon deshalb von ihren Besitzern wie der eigene Augapfel gehütet. Genau dieser Gegenstand nämlich war es, auf dem die Macht seines Besitzers begründet war und durch den er überhaupt erst zu dem wurde, was er war.

Natürlich ist dies nur ein bedingt gültiger Vergleich, denn in unserem Fall geht es natürlich um ganz andere Dinge und Sie sind sehr wahrscheinlich weder Magier noch eine Hexe (sonst würden Sie dieses Buch sicherlich nicht lesen), aber trotzdem befindet sich - sofern Sie das wollen - ein Gegenstand in Form eines Minerals in Ihrem Besitz, dessen „Macht" mit jedem seiner Einsätze beständig wächst. Da Sie ihn für einen ganz bestimmten Zweck benutzen, wird der Amethyst durch die ständig durch ihn fließende Energien von Mal zu Mal stärker in seiner Ausstrahlung - auch Sie werden das fühlen können und „sehen", falls Sie sensibel genug dafür sind –, und das ist es letztendlich, was den eigentlichen Wert des Steins ausmacht. Dieser schöne Stein, ist wenn Sie so wollen, in Zukunft Ihr ganz persönlicher „Zauberstab", der Ihre Fähigkeiten und auch die der mentalen Ebene verstärken wird.

Selbstverständlich sollte auch dieser Stein, nachdem Sie diesen das erste Mal benutzt haben, von keinem, der nicht der Gruppe angehört, mehr berührt werden, da sich sonst die Energie dieses Außenstehenden mit der des Steins vermischen und so eine Unreinheit entstehen würde die äußerst störend wäre. Sollte das dennoch einmal geschehen, muss der Stein erst wieder gereinigt werden, bevor er wieder benutzt werden kann.

Mentale Reisen in vergangene Leben

Wenn Sie sich nun dafür entschieden haben, das Experiment des Kontaktens mit Hilfe eines Amethysts als mentalen „Verstärker" zu wagen, dann stehen Ihnen - abgesehen von der mentalen Energieaufnahme - wieder zwei Möglichkeiten offen: die Kontaktaufnahme zu Ihrem spirituellem Führer oder eine mentale Reise in jene Leben, die Sie in der Vergangenheit durchlaufen haben - also Ihre Vorleben.

Was die Kontaktaufnahme zu Ihrem spirituellem Führer anbelangt, so haben Sie zu diesem Zeitpunkt sicherlich schon genug Erfahrungen gesammelt und wissen für sich selbst am besten, wie Sie während der Dauer des Kontaktes vorzugehen haben.

Eine Reise in vergangene Leben aber zählt zu jenen Abenteuern, welche sicherlich nicht nur angenehme und liebevolle Erfahrungen bringen können, sondern mitunter auch das genaue Gegenteil! Das muss an dieser Stelle unbedingt erwähnt werden, denn es kann durchaus vorkommen, dass solch ein mentales "Abenteuer" auch schon mal den Charakter eines Alptraumes annimmt. Falls Sie sich also dazu entschließen sollten, den „Rücksturz" in eines Ihrer Vorleben anzutreten, dann seien Sie bitte zumindest darauf gefasst, dass Sie sich unter Umständen in einer jener Szenen wiederfinden, die Ihnen aus Ihrer heutigen Sicht nicht unbedingt angenehm erscheinen mögen!

Vielleicht fragen Sie sich jetzt, weshalb Ihr spiritueller Führer es zulassen sollte, Sie ausgerechnet in einem Vorleben „landen" zu lassen, das Ihnen aus Ihrer heutigen Sicht betrachtet womöglich alles andere als Freude bereiten wird oder Ihnen gar seelisch zusetzen könnte. Dazu muss gesagt werden, dass die Seele, solange sie auf der materiellen Ebene existiert, einem steten Lernprozess untersteht, der einzig und allein dazu dient, der eigenen Vollkommenheit entgegen zu gehen. Der Zeitpunkt des Erreichens dieser angestrebten Vollkommenheit hängt von jeder Seele selbst ab und wird bestimmt durch deren Lerneifer und auch durch die Zahl der von ihr in jedem irdischen Dasein begangenen Fehler und Fehlverhalten. Jeder Aufenthalt auf der materiellen Ebene - in diesem Fall ist es der Aufenthalt auf dem Planeten Erde - wird weiterhin bestimmt von dem, was die Seele sich im Jenseits an Aufgaben ausgewählt hat und natürlich auch von dem, was sie während ihrer vergangenen Inkarnationen nicht oder nur ungenügend gelöst hat. Diese - nennen wir es - Altlasten wird eine Seele solange mit sich herum tragen, bis diese während ihrer momentanen oder einer der folgenden Inkarnationen durch das „richtige" Verhalten aufgelöst werden.

Natürlich wissen noch immer nur relativ wenige Menschen um die Möglichkeit einer Reise in die Vergangenheit ihrer Seele und es sind auch nur wenige, die an eine derartige Möglichkeit glauben. Sie haben letztendlich die Chance, diese wertvolle Hilfestellung für sich zu nutzen. Tatsächlich lässt sich aus einer derartigen mentalen Reise durch längst vergangene Zeiten durchaus großer Nutzen ziehen. So eine „Seelenreise" könnte allein schon deshalb unternommen werden, um wertvolle Informationen über sich selbst in Erfahrung zu bringen. Sie sollte deshalb auf keinen Fall nur als unterhaltsames Experiment betrachtet werden! Oftmals genügt es schon, in eine ganz bestimmte Szene aus einem der unzähligen Vorleben zurückversetzt zu werden, um eine bestimmte „Blockade" im jetzigen Leben zu lösen. Diese Szene kann durchaus auch weniger spektakulär ausfallen und lediglich als eine Art Denkanstoß dienen, der nötig ist, um ein im Alltag immer wiederkehrendes Problem zu bewältigen.

Sicher werden Sie sich nun bereits vorstellen können, weshalb Ihr spiritueller Führer Sie nicht nur an jene Ereignisse Ihrer Vergangenheit heranführen wird, die Ihre uneingeschränkte Zustimmung finden werden, sondern eben auch an jene, die dazu gedacht sind, Ihnen in Ihrem jetzigen Leben zu helfen. Durch die Möglichkeit der mentalen „Begegnung" mit der eigenen Vergangenheit lassen sich aber nicht nur ganz konkrete Ansatzmöglichkeiten finden, durch welche eine hilfreiche Problembewältigung in der Jetztzeit möglich wird, sondern es lassen sich natürlich auch die eigentlichen Ursachen eventuell vorhandener unerklärlicher Ängste aufspüren und verarbeiten.

Allerdings darf dabei auch nicht unerwähnt bleiben, dass eine Rückführung in vergangene Leben und deren anschließende Interpretation und Verarbeitung, welche im Zusammenhang mit tief gehenden, momentan vorhandenen Problemen stehen, besser in die Hände eines erfahrenen Therapeuten gelegt werden sollte, als in die unerfahrenen Hände der Gruppe, mit welcher man zusammenarbeitet. Das gilt besonders dann, wenn es sich um tatsächlich vorhandene Angstpsychosen handelt. Beim Auflösen tief gehender Blockaden ist es ganz einfach notwendig, die dafür am besten geeignete Hilfe - in Form eines Therapeuten - anzunehmen, der einen nach dem „Erwachen" aus der Rückführung den ersten festen Halt geben kann.

Sicherlich können und werden Menschen mit weitgehend gefestigter Persönlichkeit, die sich in einer Gruppe zusammengefunden haben, um medial zu arbeiten, in Zusammenarbeit mit den spirituellen Führern die eine oder andere Reise in vergangene Leben unternehmen. Es werden auch dabei nicht immer nur angenehme Erinnerungen wachgerufen werden. Aber in einer solchen Situation wird es sich dann meist auch nur um relativ harmlose Episoden handeln, die zur Lösung von vergleichsweise kleinen Problemen dienen können. In solchen Fällen sind Sie natürlich auch gut in Ihrer Gruppe aufgehoben, die anschließend für Sie da sein wird, und so haben Sie sicherlich ausreichend Gelegenheit, Ihr Erlebnis mit den Anderen zu besprechen, und mit deren Hilfe finden Sie dann sehr wahrscheinlich auch die Möglichkeit, das Erlebte zu verarbeiten. Dabei sollte unbedingt garantiert sein, dass jeder, der eine Rückführung erleben durfte, unmittelbar anschließend die Möglichkeit gewährt bekommt, über alles, was er während der Dauer der Rückführung erlebt hat, ausführlich sprechen zu können. Die Anderen sollten diesem Menschen sehr aufmerksam zuhören, denn oftmals liegt in den gesprochenen Worten der Schlüssel zur Erkenntnis verborgen! Niemals sollte es so sein, dass man den „Rückgeführten" nach einem solch einschneidenden Erlebnis allein lässt oder ihm nicht aufmerksam genug zuhört! Berücksichtigen Sie bitte, dass während eines derartigen Erlebnisses - und natürlich auch danach - erfahrungsgemäß sehr viele heftige Emotionen frei gesetzt werden, die am einfachsten dadurch zu bewältigen sind, dass man den Betroffenen über das Erlebte und insbesondere über seine Gefühle sprechen lässt.

Eine Reise in die eigene Vergangenheit hat also nicht nur etwa einen „Unterhaltungswert", wie vielleicht viele vermutet haben, sondern kann durchaus von hohem therapeutischem Wert sein.

Die Pyritscheibe als Energieoptimierer

Ein weiterer Tipp zur Optimierung Ihrer mentalen Kraftreserven ist das Auflegen einer Pyritscheibe - auch Pyritsonne genannt - auf den Solarplexus! Für diejenigen Leser die nicht wissen was eine Pyritsonne ist ein paar Infos zusätzlich:
Farbe: meist goldfarben, aber auch silber-, buntschimmernd. Kristallisation: die Pyritscheibe/sonne ist eine Eisen-Schwefel-Verbindung, deshalb kann sie unter Umständen bei manchen Menschen allergische Reaktionen auslösen, wenn man die Scheibe direkt auf die nackte Haut auflegt. Die Pyritsonne hat - bedingt durch organische Substanzen die vor ca. 250 Millionen Jahren bei der Kohleentstehung abgelagert wurden - und an deren Entstehung beteiligt waren, jene konzentrische Form der die Pyritsonne ihr attraktives Aussehen zu verdanken hat. Härte des Gesteins: 6 bis 6,5 Chemische Zusammensetzung des Gesteins: $FeS2$, „Entladen" des Gesteins nach mentaler und/oder magischer Arbeit: beispielsweise durch Nutzung der Mondenergie (Vollmond/Neumond u.s.w.) oder aber, indem man die Scheibe zwischen Hämatittrommelsteine legt. Aufladen der „Scheibe": z.B. in eine Bergkristallgruppe legen (vorzugsweise bei Neu- oder Vollmond). Fundort: USA und ausschließlich nur in Illinois wo man sie in den Kohlengruben zwischen Schieferplatten eingebettet findet.

Legen Sie diese Scheibe bitte nie ins Sonnenlicht und sorgen Sie dafür, dass diese Scheibe nicht mit Wasser in Berührung kommt, weil sie sonst ihren schönen Glanz verliert und dunkel wird - auch die Wirkung wird darunter leiden! Man kann diese Scheiben in jedem gutsortierten Mineralienhandel/Mineralienbörse kaufen kann. Diese Scheibe können Sie also auf den Solarplexus auflegen - und wenn Sie nicht zu den Allergikern gehören, so dürfen Sie die Scheibe ruhig auf die blanke Haut legen, ansonsten eben auf das Kleidungsstück. Der Solarplexus befindet sich genau unterhalb des Rippenbogens (da wo die beiden Rippenbögen zusammenlaufen!) und Sie können diesen Teil Ihres Körpers als eine Art mentalen Kraftstation betrachten - oder als eine Körper eigene Energiestation, wenn Sie so wollen.

Nehmen Sie nun - falls Sie sich für den Kauf solch einer Scheibe entschieden haben - Ihre Pyritscheibe und suchen Sie sich einen Ort Ihrer Wahl, an dem Sie sich ungestört fühlen und sich voll und ganz Ihrer mentalen Arbeit widmen können. Legen Sie sich bequem auf den Rücken und platzieren Sie die Scheibe nun direkt auf Ihrem Solarplexus. Optimal wäre es in diesem Fall, wenn Sie sich für Ihr Vorhaben noch dazu einen schönen, sonnigen Tag aussuchen könnten, da Ihre Pyritscheibe auf diese Weise binnen kürzester Zeit ein Maximum an Energie für Sie aufnehmen und an Sie weiterleiten kann.

Die Dauer dieser relativ unbekannten „Prozedur" ist natürlich von Fall zu Fall verschieden und lässt sich nicht mit einer genauen Zeitangabe bestimmen. Für den Anfang werden 5-10 Minuten sicherlich genügen, aber besser noch - hören Sie ganz einfach wieder auf die Stimme Ihrer Intuition und beenden Sie die Energieaufnahme, wenn Sie glauben, genug an Energie „getankt" zu haben. Da Pyritsonnen zu den stärksten Energiesteinen (sie zählen zur Gattung der Mineralsteine!) zählen, sollte man 30 Minuten eigentlich nicht überschreiten, doch das nur nebenbei!)

Teil 3:
Auf die Hohe See der spirituellen Ebene

Das Dritte Kapitel soll für jene unter Ihnen sein, die sich noch ein Stück weiter hinaus wagen möchten in die Welt des Spirituellen. Allerdings möchten wir, bevor wir Ihnen weitere Anleitungen für Ihre Mentalarbeit liefern, zunächst noch einige Worte darüber verlieren, auf was Sie sich unter Umständen einlassen, sollten Sie sich dazu entschließen, diesen Schritt ins offene Meer des Spirituellen zu wagen. Bitte übergehen Sie die folgenden Zeilen nicht, nur weil Sie sich endlich der Praxis zuwenden möchten und weil Sie vielleicht glauben, Sie hätten das Wesentliche bereits ausreichend erfasst! Lesen Sie bitte auch noch diesen Part des Buches und bilden Sie sich anschließend Ihre Meinung. Und tun Sie erst dann, was Sie in Ihrem Fall für gut und richtig halten!

Wie Sie sich gewiss noch erinnern, haben wir eingangs bereits kurz erwähnt, dass die von uns aufgeführten Methoden, so effektiv diese auch zweifelsohne sein mögen, durchaus auch gefährlich sein können. Weshalb das so ist, haben wir bereits sehr ausführlich in einigen unserer Bücher erklärt und da wir unsere Stammleser nicht mit unzähligen Wiederholungen langweilen möchten, wäre es vielleicht ratsam für jene, die sich hier auf absolutem „Neuland" bewegen - bevor sie mit ihren ersten Experimenten beginnen - vorher vielleicht noch eines unserer „aufklärenden Lektüren" zu lesen, so z.B. „Schutz-, Fopp- & Poltergeister", „Schutzgeistkontakte leicht gemacht", oder aber „Schutz vor Geistern", auf diese Weise sind Sie zumindest besser „gerüstet" und somit sicherlich auch besser geschützt. Und - bevor Sie sich also jetzt dazu entschließen, einen Schritt in Ihrer Mentalarbeit weiter zu gehen als die meisten Anderen, soll noch einmal in aller Deutlichkeit daran erinnert werden, was dieser „eine Schritt" für Ihr weiteres Leben bedeuten kann.

Sicherlich wissen Sie noch, dass wir Ihnen erzählt haben, es würde so etwas wie eine Art „Brückenschlag" zur jenseitigen Ebene vollzogen werden, sobald Sie damit beginnen, den Kontakt dorthin zu suchen, und diesen dann finden. Dieser „Brückenschlag" in die andere Dimension des Seins wurde natürlich schon zu jenem Zeitpunkt vollzogen, als Sie die erste Kontaktaufnahme zu Ihrem spirituellem Führer hergestellt haben. Allerdings handelte es sich dabei noch immer um einen recht „begrenzten" Zugang zur jenseitigen Dimension, genauso, wie es sich auch für jene Wesen aus der anderen Seinsebene bisher nur um einen begrenzten Zugang zu Ihnen handelte. Natürlich sind Sie vom Zeitpunkt Ihrer ersten Fühlungnahme an von einem weitaus größerem Interesse für jenseitige Wesen, als Sie das vorher mit ziemlicher Sicherheit waren. Trotzdem wird sich ab diesem Zeitpunkt, an dem Sie die Brücke zur jenseitigen Welt geschlagen haben, auch deren Möglichkeit, mit Ihnen in Kontakt treten zu können, noch in sicheren Grenzen halten. Das gilt solange, wie Sie lediglich auf die bisher angesprochene Art mit dieser Ebene, also „nur" mit Ihrem spirituellem Führer kommunizieren. Solange Sie ausschließlich den Kontakt mit Ihrem Schutzgeist pflegen, wird kein anderes Wesen Zugang zu Ihnen finden. Warum das so ist, lässt sich leicht erklären. Da Sie bei dem bisher angewandten Verfahren keinerlei besondere

Hilfsmittel (außer natürlich Ihre eigenen mentalen Fähigkeiten und die zu deren Steigerung verwendeten Stimulanzien) einsetzen mussten, wird eine Einflussnahme durch Dritte nur sehr schwer möglich sein. Weshalb? Nun, es besteht zwischen Ihnen und Ihrem spirituellen Führer gewissermaßen eine Art mentaler Einheit, die einem anderen Wesen der jenseitigen Region den Zugang zu Ihnen erheblich erschwert. Sie genießen sozusagen noch jenen Schutz den auch Kinder genießen, bevor sie den ersten Schritt ins experimentierfreudige „Erwachsenenalter" wagen. Aber - man kann es nicht oft genug erwähnen - es gibt immer die rühmliche Ausnahme in Bezug auf das Jenseits und dessen „Bewohner"!

Die im folgenden aufgezählten Methoden aber sind nicht nur hoch effektiv, sondern wirken auch sehr anziehend auf eine wirklich breit gefächerte „Klientel" von Jenseitigen. Natürlich lässt sich das Risiko einer unerwünschten Kontaktaufnahme nie vollkommen beseitigen, aber bei der ausschließlichen Arbeit mit dem eigenen Spirituellen Führer hält es sich in überschaubaren Grenzen. Vollkommen anders sieht es dagegen aus, wenn Sie sich dazu entschließen, einen Schritt weiter zu gehen, als sie es bisher getan haben. Wir raten Ihnen nicht dazu, diesen nächsten Schritt zu wagen, dass sei hier in aller Deutlichkeit gesagt! Aber wir wissen aus Erfahrung, dass die Neugierde des Menschen meist nicht zu zügeln ist. Wir möchten Ihnen auch in aller Deutlichkeit sagen, dass, wenn Sie diesen nächsten Schritt tun, Sie ab diesem Moment tatsächlich zu jenem „Leuchtfeuer" werden, an dem so ziemlich alle jenseitigen Wesen künftig Interesse zeigen könnten. Diese Tatsache sollte Ihnen immer und zu jeder Zeit bewusst sein!

Natürlich können wir hier nicht ausführlich auf all die vielfältigen Gründe eingehen, weshalb das so ist und welche Folgen das nach sich ziehen könnte. Das würde nicht nur den Rahmen dieses Buches sprengen und außerdem wäre letztendlich ein menschliches Wesen nicht wirklich jemals dazu imstande, bis in die letzten Geheimnisse und Beweggründe der jenseitigen Welt vorzudringen, zumindest nicht, solange man sich noch auf der materiellen Ebene des Seins befindet.

Allein wichtig ist jedoch, dass Sie sich darüber im Klaren sind, dass Sie mit diesem nächsten Schritt etwas tun, das den Rahmen des Alltäglichen sprengen kann. Und Sie sollten sich auch darüber im Klaren sein, dass Sie sich auf einen Weg begeben, von dem es dann kein Zurück mehr geben wird. Das mag sich für den einen oder anderen etwas theatralisch anhören, aber das ändert nichts an der Tatsache, dass es so ist!

Bevor Sie sich also in dieses ungewöhnliche, interessante und für viele Ihrer Mitmenschen sicherlich nicht nachvollziehbare Abenteuer stürzen, überlegen Sie vorher bitte ganz genau, ob Sie es auch wirklich wollen. Und denken Sie bitte auch genau darüber nach, was genau Sie damit überhaupt erreichen möchten. Sie werden, wenn Sie diesen Schritt erst einmal vollzogen haben, Erfahrungen sammeln, die weit über das hinaus gehen können, was Ihnen bisher als Realität bekannt war, auch wenn Ihnen das anfangs noch gar nicht so erscheinen oder bewusst werden mag. Es wird für Sie auch dann kein Zurück mehr geben, wenn Sie sich ab einem bestimmten Zeitpunkt regelrecht danach sehnen sollten. Selbst wenn Sie Ihre Fühlungnahme in die

„andere Realität" einstellen, so hat diese andere Realität doch immer noch Kontakt zu Ihnen! Für diese Wesen wird es keine entscheidende Rolle spielen, ob Ihnen diese Tatsache gefällt oder nicht!

Vielleicht erinnern Sie sich in diesem Zusammenhang einmal an den Zauberlehrling, der ohne Wissen seines Meisters die Geister rief und sie danach ohne dessen Hilfe nicht mehr los wurde. Losgeworden ist er sie gewiss niemals mehr in seinem Leben, aber er hatte zumindest doch jemanden mit dem nötigen Wissen an seiner Seite, der ihm half, diese Geister wieder zu bändigen und sie in ihre Schranken zu weisen, bis der Zauberlehrling selbst so weit war, dies zu tun. Sie hingegen stehen alleine da, (es sei denn, Sie sind kein Zauberlehrling mehr, sondern schon ein fähiger Meister!) auch wenn Sie sich mit einer Gruppe zusammentun, da Sie letztendlich für Ihr Handeln selbst verantwortlich sind. Es steht Ihnen sehr wahrscheinlich kein Meister zur Seite, der Ihnen behilflich sein kann, etwas rückgängig zu machen, das Sie, womöglich auch noch ganz bewusst, herbeigeführt haben. Und vergessen Sie bitte nicht, jene die von sich behaupten wahre „Meister" dieser Zunft zu sein, sind oftmals lediglich nur Meister darin, „Geschäfte-mit-der-Not-anderer-zu-machen". Doch das nur nebenbei.

Nachdem wir Ihnen nun nahegelegt haben, sich nicht Hals über Kopf in die nächste Runde zu stürzen, wollen wir Ihnen jetzt noch einige sehr wichtige Spielregeln und Anleitungen geben, an die Sie sich bitte möglichst halten sollten. Es geht dabei weniger um das Erreichen des Ziels als vielmehr um den bestmöglichen und - soweit man das überhaupt sagen kann - sichersten Weg, den man hierbei gehen kann.

Spielregeln zum Umgang mit Wesen der anderen Seinsebene

Die erste und wichtigste Regel, die Sie sich unbedingt merken sollten, lautet: Glauben Sie nicht bedingungslos alles, was Sie aus der anderen Dimension des Seins zu „hören" oder „sehen" bekommen. So schmeichelhaft manche Aussagen auch sein mögen, die man Ihnen während einer Kontaktaufnahme zukommen lassen wird, Sie sollten sich nie davon blenden lassen! Stehen Sie von Anfang an allem, was man Ihnen übermittelt, äußerst kritisch gegenüber! Natürlich werden Sie vielleicht auch richtige Aussagen bezüglich Ihrer eigenen Zukunft oder über künftige Ereignisse erhalten, aber seien Sie bitte nicht allzu vertrauensselig, denn ein Laie weiß nicht immer zu sagen, mit wem er es tatsächlich zu tun hat. Ein Laie wird auch nicht erkennen können, ob er es mit einem Wesen zu tun hat, das ihm wohlgesonnen ist oder aber den Menschen ohne zu zögern auch schaden würde.

Lassen Sie es sich im Himmels Willen auch nicht zur Gewohnheit werden, Ihr künftiges Leben gar nur noch nach den "Vorhersagen" irgendwelcher Kontaktgeister auszurichten! Die Gefahr, in eine gewisse Abhängigkeit zu geraten, ist hier einfach zu groß und die Folgen einer möglichen Falschaussage (um solche kann es sich unter Umständen leider sehr oft handeln, was nicht heißen soll, dass sogar Wesen der positiven Zunft dazu neigen zu lügen, sondern oftmals liegt es an den „Übermittlungsschwierigkeiten", oder auch daran, was der jeweilige Mensch glaubt verstehen zu wollen, denn das menschliche Unterbewusstsein neigt schon von Natur aus dazu, sich viele Dinge im Leben „schönzureden". Es sind folglich nicht immer die „bösen" Jenseitigen schuld, wenn „Vorhersagen" entweder ganz anders oder gar nicht eintreffen!), wären vielleicht sogar von großer Tragweite und mit fatalen Ergebnissen. Betrachten Sie alles, was Sie an Informationen übermittelt bekommen, mit gebührendem Abstand und geben Sie niemals Ihren gesunden Menschenverstand auf! Denken Sie bitte immer daran, dass Sie Ihr eigener Regisseur sind und dass Sie die Fäden über Ihr Leben selbst in den Händen halten und niemand sonst! (Zumindest sollte das so sein).

Vielleicht mögen Sie sich jetzt fragen, welchen Grund Sie dann überhaupt noch haben sollten, mit der jenseitigen Welt in Kontakt zu treten, wenn doch alles mit größter Vorsicht genossen werden soll. Die Antwort darauf ist eine denkbar einfache. Die menschliche Eigenschaft der Neugierde ist die Triebfeder unseres Handelns. Durch Neugierde erst sind wir Menschen an jenen Punkt angelangt, an dem wir uns im Hier und Heute befinden. Diese Neugierde ist es auch, die uns dazu treibt, den Kontakt zu unseren Nachbarebenen zu suchen in der Hoffnung, dort etwas zu erfahren, das uns über unser derzeitiges Wissen erheben und uns einen Vorteil für unser weiteres Leben geben kann.

Natürlich können und werden Sie mittels der folgenden Methoden den Kontakt zu Ihrem spirituellem Führer genauso oder teilweise besser herstellen können, als das bisher der Fall war, aber Sie werden auch gleichzeitig feststellen, dass Sie von jetzt an in der Lage sind, mit vielen anderen Wesen zu kommunizieren, an deren Existenz Sie bis vor kurzem noch nicht einmal im Traum gedacht haben. Dies wird eine vollkommen neue und aufregende Erfahrung für die meisten Menschen sein, die sich so schnell mit nichts Anderem vergleichen lässt, die aber gleichzeitig auch die Leichtfertigkeit in uns Menschen wecken wird.

Eine derartige Vielfalt von Wesen bringt es zwangsläufig mit sich, dass Sie es nicht nur mit der glaubwürdigen und seriösen Kategorie zu tun bekommen, sondern auch mit deren Gegenteil. Und genau deshalb sollten Sie sich gleich von Anfang an vorsichtig und nicht all zu vertrauensselig verhalten.

„Wie soll ich denn wissen, ob ich es mit einem glaubwürdigen jenseitigen Wesen zu tun habe oder ob man mich an der Nase herumführt?" werden Sie jetzt fragen. Nun, unsere unverblümte Antwort lautet: Das ist es ja gerade, weswegen Sie sich vorher sehr gründlich überlegen sollten, ob Sie künftig auf diese spezielle Weise weiter in die jenseitige Welt vordringen wollen. Es gibt keine hundertprozentige Sicherheit! Und es gibt auch keine hundertprozentig sichere Methode, die Sie anwenden könnten, um eine „brauchbare" Aussage von einer Falschaussage zu unterscheiden, die man Ihnen während des Kontaktes übermittelt hat!

Natürlich kommt es hierbei auch darauf an, zu welchem Zweck Sie den „vertieften" Kontakt zur anderen Seinsebene gesucht haben. Vielen Menschen genügt es, wenn sie sich auf diese Weise von ihrem spirituellen Führer durch einige ihrer vergangenen Leben führen lassen. Und sollte das Ihr ausschließlicher Beweggrund sein, dann wird dies kaum einen nennenswerten Einfluss auf Ihr weiteres Leben haben, selbst dann nicht, wenn man Ihnen während der Dauer Ihrer Rückführung einiges an Unwahrheiten auftischt.

Wenn Sie aber diese etwas fortgeschrittene Art der Kommunikation für etwaige Zukunftsprognosen oder als wichtige Entscheidungshilfen nutzen möchten, dann denken Sie bitte trotzdem im Nachhinein noch einmal ganz genau über alles nach, was Sie während der Rückführung zu hören bekommen haben, und überstürzen Sie nichts!

Das Beste wird für Sie ohnehin sein, wenn Sie auch weiterhin Ihre Entscheidungen selbst treffen und sich nicht durch schön gefärbte Worte und von schmeichelhaften Redewendungen blenden lassen!

Vorbereitungen zur Kontaktaufnahme der etwas anderen Art

Bevor Sie sich nun mit den effektivsten Methoden der Kontaktaufnahme vertraut machen, wollen wir Ihnen noch einiges über die dazu notwendigen Vorbereitungen verraten. Zunächst einmal gilt auch hier, dass eine Fühlungnahme zur jenseitigen E-bene zu jeder Tageszeit möglich und einzig vom Wollen Ihrer potenziellen Gesprächspartner abhängig ist. Sollte Ihnen irgendwann einmal zu Ohren gekommen sein, dass dies nur bei Nacht möglich wäre, weil „Geister es nun mal so mögen", so vergessen Sie das getrost. Wie schon erwähnt, liegt es einzig an Ihnen, wann Sie ein Gespräch suchen wollen und ob Sie zu diesem Zeitpunkt einen willigen Gesprächspartner finden. Da hier die Auswahl an „Gesprächspartnern" allerdings sehr groß ist, wird sich das in den allermeisten Fällen auch prompt ergeben.

Wenn Sie sich für einen Zeitpunkt entschieden haben, an dem Sie mit Ihrer Kontaktaufnahme beginnen möchten, dann gehen Sie dabei zunächst genau so vor, wie Sie es schon gewohnt sind. Das heißt, Sie sorgen wieder dafür, dass sich in ihrem Umfeld möglichst wenig oder besser gar keine aktiven elektrischen Geräte befinden. Räuchern Sie in den Raum, in dem Sie sich für die Dauer der Kontaktaufnahme aufhalten möchten, mit den dafür zur Verfügung stehenden „Duftstoffen", so wie Sie es sonst auch immer tun. Allerdings, sollten Sie - falls Sie diese Düfte leiden können - in diesem Fall hauptsächlich auf Weihrauch und/oder Salbei zurückgreifen. Wie Sie ja schon wissen, vermögen diese beiden Düfte (vielleicht noch kombiniert mit Zimt) die Barriere zur jenseitigen Ebene zu durchdringen und können auf diese Weise als „Wegbereiter" für positive Schwingungen eingesetzt werden. Zusätzlich aber besitzen Weihrauch und Salbei auch noch die bemerkenswerte Fähigkeit, bis zu einem gewissen Grad den Einfluss negativer Wesen abzuwenden oder gar die schwächeren unter ihnen gänzlich fernzuhalten. Diese beiden Kräuter entfalten auf der feinstofflichen Ebene eine Art Schutzschild, der es negativen Kräften wohl nicht unmöglich, aber auch nicht leicht werden lässt, an den menschlichen „Kontakter" heranzukommen.

Es steht Ihnen frei, sich durch eine intensive Meditation auf Ihr Vorhaben einzustimmen, allerdings ist dies nicht unbedingt erforderlich, da Sie zu diesem Zeitpunkt sicherlich schon über genug Erfahrung verfügen und wissen, wie Sie sich am besten zur Ruhe bringen können. Nutzen Sie auch hierfür wieder Ihre Steine als unterstützende Maßnahme. Legen Sie diese vor sich auf den Tisch, so dass sich links außen - aus Ihrer Perspektive betrachtet - der Bergkristall befindet, in der Mitte der Rosenquarz und rechts außen der Amethyst. Wie Sie wissen, dient der Bergkristall in diesem Falle als „Verstärker" Ihrer eigenen Energie, der Rosenquarz hilft Ihnen, die hierfür nötige Ruhe und Ausgeglichenheit zu finden, und der Amethyst dient dazu, Ihre Sensibilität für übersinnliche Wahrnehmung zu steigern. Da der Amethyst gleichzeitig auch dazu imstande ist, jenseitige Schwingungen aufzunehmen und zu speichern, wird er Ihnen bei Ihrem Vorhaben eine große Hilfe sein.

Weshalb liegen diese drei Steine wohl in der eben genannten Reihenfolge vor Ihnen? Weil Sie auf diese Weise sehr viel besser in der Lage sind, eine „Vereinigung" mit der anderen Seinsebene zu schließen. Diese Anordnung der Steine wird Ihnen die mentale Arbeit enorm erleichtern und Ihnen dabei helfen, den Weg zur spirituellen Welt zu erschließen. Dabei bezieht sich das Wort „erleichtern" natürlich nicht auf das Zueinanderfinden, also auf den Kontakt zwischen Ihnen und der jenseitigen Ebene, sondern beschränkt sich auf eine rein zeitliche Bedeutung. Das bedeutet nichts anderes, als dass sich dadurch sozusagen die Wartezeit auf den gewünschten Kontakt erheblich verkürzen lässt.

Verschiedene Möglichkeiten der Kontaktaufnahme

Die Möglichkeiten welche sich Ihnen nun bieten, sind ganz unterschiedlicher Art und können teilweise allein und teilweise auch zusammen mit anderen Personen zur Anwendung gebracht werden. Zunächst einmal werden wir Sie mit jenen Optionen vertraut machen, die Sie ganz allein für sich nutzen können, wenn Ihnen das angenehmer erscheint. Hierfür stehen Ihnen drei Varianten zur Auswahl, die allesamt sehr effektiv in der Anwendung sind und für die Sie nur einen recht geringen Aufwand betreiben müssen.

1. Variante: Die Arbeit mit Pendel und Buchstabentafel

Die erste Variante besteht darin, dass Sie zu einem Pendel Ihrer Wahl greifen. Sicher haben Sie irgendwann schon einmal von der Funktionalität eines Pendels gehört oder selbst schon einen Versuch in dieser Richtung gestartet. Die meisten Menschen verwenden ein Pendel, um damit relativ simple Fragen beantworten zu lassen, die nicht über eine Ja- und Neinqualität hinausgehen. Das heißt, man richtet sehr einfach formulierte Fragen an das Pendel, die anhand einer Links- oder Rechtsdrehung des Pendels mit Ja bzw. Nein beantwortet werden. Einige andere, deren Sensitivität etwas stärker ausgeprägt ist und die sozusagen das Pendeln aus dem Effeff beherrschen, benutzen es dazu, um beispielsweise Wasseradern, Strahlenfelder oder auch Krankheiten des menschlichen Körpers „aufzuspüren". Es gibt natürlich noch viel mehr Dinge, die ein Pendel alles kann und worüber natürlich auch schon ausführlich geschrieben wurde, so dass wir hier nicht näher darauf eingehen wollen. Wir werden uns hier ausschließlich mit jener dem Menschen innewohnenden Fähigkeit befassen, die es Ihnen ermöglichen wird, einen Blick auf die andere Seite des Seins zu werfen.

Dazu bedarf es lediglich eines Pendels und einer dreißig Zentimeter durchmessenden Scheibe, die gerne aus Sperrholz oder auch aus einer starken Pappe sein kann. Das Pendel können Sie entweder kaufen, zum Beispiel wiederum auf einer Mineralienbörse oder einer Esoterikmesse, oder aber Sie stellen es sich selbst her. Wenn Sie sich für letztere Variante begeistern können, dann bietet sich an, einen kleinen, klaren Bergkristall mit Anhänger zu erwerben, den man schon für ein paar Euro bekommen kann. Befestigen Sie diesen Anhänger einfach an einer Kette aus einem Material Ihrer Wahl oder an einen etwas stärkeren Baumwollfaden (möglichst keine Kunstfaser oder irgendwelche Nylonschnüre nehmen, da diese durch ihre isolierenden Eigenschaften den Energiefluss und damit auch die Übertragung zwischen Ihnen und der anderen Seinsebene erheblich beeinträchtigen können). Die Länge des Fadens oder der Kette bleibt ganz Ihrer eigenen Entscheidung überlassen und wird sich letztendlich danach richten, wie Sie Ihr Pendel handhaben möchten und es für Sie persönlich am bequemsten ist. Vielleicht orientieren Sie sich ganz einfach an jenen Exemplaren die es im Handel zu kaufen gibt; nach kurzer Zeit schon werden Sie die für Sie passende Länge ausgelotet haben. Wichtig nach dem Erwerb eines Pendels oder nach dessen Herstellung ist außerdem noch, es vor seinem ersten „Einsatz" zu reinigen. Gehen Sie hierbei so vor, wie Sie es in diesem Buch gelernt haben auch mit Ihren Steinen praktizieren sollten.

Nun zu der Scheibe aus Sperrholz oder Pappe, die Sie für Ihr Vorhaben noch benötigen. Schreiben Sie auf diese Scheibe das Alphabet von A bis Z und die Zahlen von Null bis Neun. Ordnen sie die Buchstaben und Zahlen in einem Abstand zum äußeren Rand der Scheibe von etwa zwei Zentimetern an. Sie beginnen, wie im Alphabet üblich, mit dem Buchstaben A und „umrunden" dann nach und nach ihre Scheibe mit den restlichen Buchstaben, bis Sie beim letzten Buchstaben des Alphabets angekommen sind und der Kreis aus Buchstaben sich geschlossen hat. Achten Sie bitte bei Ihrer Anordnung darauf, dass Sie auch noch genügend Platz haben für die Zahlen von Null bis Neun, denn diese müssen Sie ja mit einbeziehen. Das geschieht, indem Sie die Zahlen zwischen die Buchstaben A und Z setzen. Ihre Scheibe sieht bisher also folgendermaßen aus. Die Beschriftung des Randes beginnt mit dem Buchstaben A, zieht sich durch das ganze Alphabet, bis hin zum Buchstaben Z und setzt sich gleich Anschließend mit der Zahl Null fort, um dann durch die Zahl Neun, wieder Anschluss an den Buchstaben A zu finden. Als nächstes zeichnen Sie innerhalb des Buchstabenkreises, an einer Stelle ihrer Wahl, vielleicht im oberen Drittel der Scheibe, zwei kleine, nebeneinander liegende Kreise ein, in die Sie links das Wort „Ja" schreiben und rechts das Wort „Nein". Der Abstand beider Kreise sollte einige Zentimeter betragen, zumindest aber fünf, während der Durchmesser der beiden Kreise Ihnen und Ihrem künstlerischen Auge überlassen bleibt. Über diese beiden Kreise, wiederum in einigen Zentimetern Abstand, setzen Sie nun bitte noch die Worte, „Gott zum Gruß". Diese Formel hat, egal ob Sie nun Atheist sind oder ein gläubiger Mensch, nichts mit Glaube und Religion an sich zu tun. Sie ist auch keine Gotteslästerung, wie jene meinen, in deren Augen die Kontaktaufnahme zur spirituellen Welt noch immer ein Werk des Teufels ist. Wäre dem so, dann hätte der Mensch von seinem Schöpfer wohl kaum eine derartige Fähigkeit mit auf den Lebensweg bekommen. Vielmehr ist der Wunsch nach spirituellen Kontakten eine ganz normale Erscheinung, da es die menschliche Seele einfach danach drängt, mit jenen in Kontakt zu treten, die sie auf der anderen Seite des Seins für lange Zeit zurückgelassen hat.

Die Worte „Gott zum Gruß" haben im Zusammenhang mit der Fühlungnahme in die andere Dimension, tatsächlich den Charakter einer Grußformel, die von jenen Menschen und Wesen angewandt wird, die sich auf der positiven Seinsebene der Schöpfung begegnen. Das bedeutet, einem negativ gearteten Wesen wird das mentale Aussprechen dieser Worte eine erste Hemmschwelle auf dem Weg zu Ihnen sein. Ein positives Wesen, welches den Kontakt zu Ihnen wünscht, wird Sie sofort mit dieser Formel begrüßen, während ein negatives Wesen nicht auf diese Worte zurückgreifen wird. Sie sehen also, schon anhand dieser kleinen Formel kann sich Ihnen eine erste Warnung offenbaren und Ihnen klarmachen, mit wem oder was Sie es gerade zu tun bekommen.

Nun haben Sie also Ihre fertige Scheibe vor sich liegen, halten Ihr Pendel in der Hand. Wie geht es jetzt weiter? Zuerst einmal sollten Sie sich an Ihren spirituellen Führer wenden, um ihn/sie gedanklich um ausreichenden Schutz vor negativen Wesen zu bitten und darum, dass er sich bei Ihnen „melden" möchte. Allerdings, verlassen Sie sich bitte nicht darauf, dass Ihnen dieser Schutz auch tatsächlich immer und in uneingeschränkter Weise und vollkommen automatisch zuteil werden wird! Denn von jetzt an sind Sie in das mentale „Erwachsenenalter" eingetreten. Das heißt, bezogen auf Ihren spirituellen Führer, dass dieser ist ab jetzt nicht mehr für alles, was Sie tun verantwortlich ist, so wie auch Ihre Eltern das ab einem gewissen Zeitpunkt nicht mehr sind oder waren. Er oder sie kann Sie natürlich nach wie vor beraten und sicherlich auch vor gewissen Dingen oder Wesen schützen, aber Ihr Schutzgeist kann Sie leider nicht an die Hand nehmen und Ihnen alle nun möglichen negativen Einflüsse aus Ihrem Dasein fernhalten. Von jetzt an beginnt sozusagen Ihre mentale „Lehrzeit" als Erwachsener, und diese beinhaltet nun einmal positive wie negative Erfahrungen sowie jede Menge „Prüfungen", mit denen Sie umzugehen lernen müssen und die Sie zu bestehen haben.

Mit diesem Schritt überwinden Sie also endgültig und unwiderruflich die mentale Grenze zu all jenen Wesen, die außer Ihrem spirituellen Führer noch um Sie sind oder sein können - und die Ihnen von diesem Zeitpunkt an sehr großes Interesse entgegenbringen werden. Hierbei kann es sich um positive aber auch um negative Wesenheiten handeln. Mit diesem letzten Schritt sind Sie folglich an jenem Punkt angelangt, der eine Einflussnahme durch andere Wesen nicht nur möglich macht, sondern der dieses Einflussnehmen, mit hundertprozentiger Sicherheit auch bringen wird. Bisher existierte noch immer eine geistige Verbundenheit zwischen Ihnen und Ihrem spirituellem Freund, welche es einem Dritten - oder besser gesagt: einem anderen Wesen - beinahe unmöglich machte, sich dazwischen zu drängen. Von nun an sind Sie aber, da Sie sich für die Zuhilfenahme professioneller „Arbeitsgeräte" entschieden haben, ein regelrechter „Empfänger für jenseitige Wesen", den man nur allzu gerne nutzen wird. Es kann natürlich sehr gut sein, dass dieser „Empfang" die ersten Male noch etwas unsicher und undeutlich ausfallen wird, doch je öfter Sie sich daran wagen, den Kontakt zur jenseitigen Welt herzustellen, desto intensiver wird das Ergebnis Ihrer Arbeit sein.

Nehmen Sie jetzt Ihr Pendel zur Hand. Ob in die linke oder rechte, bleibt Ihnen überlassen, und Sie können während Ihres Kontaktes selbstverständlich auch wechseln, wenn es Ihnen anhand der Dauer des mentalen „Gespräches" zu anstrengend wird. Stützen Sie Ihren Ellenbogen auf der Tischplatte auf und bringen Sie Ihren Arm so in Position, dass Ihr Pendel ungefähr fünf Zentimeter über der Tischplatte bzw. Ihrer Holz- oder Pappscheibe hängt. Halten Sie die Kette des Pendels mit lockerem Griff, zwischen Zeigefinger und Daumen und beginnen Sie damit, sich voll und ganz auf das Pendel zu konzentrieren.

Nun gilt es als erstes, den Kontakt zwischen Ihnen und Ihrem Pendel herzustellen, bevor Sie sich mit der eigentlichen Mentalarbeit beschäftigen können. Dieser Kontakt zwischen Ihnen und Ihrem Pendel ist sehr wichtig und erfolgt, indem sie sich aufeinander „einstimmen" und ein gemeinsames Zeichen für „Ja" und „Nein" entwickeln. „Fragen" Sie ihr Pendel also, welches Zeichen es Ihnen für „Nein" geben möchte, indem Sie es für diesen Zweck über den Kreis auf Ihrer Holz- oder Pappescheibe halten, auf den Sie das „Nein" eingetragen haben. Nun beginnt das Pendel entweder damit, sich links oder rechts herum zu drehen, oder es pendelt von Ihrer Warte aus betrachtet auf und ab oder hin und her. Welches Zeichen auch immer Sie als erstes von Ihrem Pendel erhalten, es wird von jetzt an das „vereinbarte" Zeichen für ein „Nein" auf alle Ihre Fragen sein. Genauso verfahren Sie nun, um das Zeichen für ein „Ja" zu erhalten.

Jetzt stehen Sie also im direkten Kontakt zu Ihrem Pendel und können mit der eigentlichen Arbeit beginnen. Nun kommt es ganz darauf an, ob Sie es vorziehen, erst einmal „nur" in Kontakt zu Ihrem spirituellem Führer treten zu wollen, oder ob Sie es lieber gleich wagen möchten, zu erfahren, wer außer ihm/ihr noch anwesend ist. Möchten Sie sich zunächst auf Ihren spirituellen Freund beschränken, so sprechen Sie ihn/sie bitte ganz gezielt an. Wenn Sie das nicht möchten, dann fragen Sie jetzt nach (laut ausgesprochen oder in Gedanken), ob noch weitere Wesen im Raum sind und falls diese Frage mit „Ja" beantwortet wird, fragen Sie weiter wie viele Jenseitige außer Ihnen und Ihrem Schutzgeist noch anwesend sind, die mit Ihnen in Kontakt treten möchten.

Ihr Pendel wird nun auf die entsprechende Zahl schwingen - oder Zahlen - falls mehr als 9 anwesend sind. Wenn die Anzahl der jenseitigen Wesen ermittelt ist, dann fragen Sie weiter, wie viele positiv geartete Wesen um Sie versammelt sind und anhand deren Antwort werden Sie wissen, ob und falls ja, wie viele Wesen der negativen Seinsebene sich bei Ihnen bereits eingefunden haben. Glauben Sie bitte nicht, dass, falls Sie überzeugt davon sind „nur" mit positiven Wesen zu verkehren oder verkehren zu wollen und das diese Tatsache ganz automatisch negative Kontakte ausschließt! Das zu glauben ist sicherlich naiv und mag deshalb vielleicht beruhigend wirken, aber den Tatsachen wird dieser Gedankengang sicherlich nicht entsprechen. Wesen der negativen Region können sich - genauso wie die Wesen der positiven Seite - so ziemlich überall aufhalten, wenn sie das nur wollen! Wer sollte diesen Wesen schon Grenzen stecken. Selbst Magiern (auch denen der schwarzen Zunft) „entgleist" so mancher - (gewollter oder ungewollter) Kontakt, doch auch das nur nebenbei, weil wir darüber schon in anderen Büchern berichteten. Doch nun wieder zurück zum „Befragen"! Bevor Sie nun damit beginnen die Jenseitigen zu Wort kommen zu lassen, gibt es noch eine Möglichkeit die erkennen lässt, ob man nun mit einem Wesen der positiven oder negativen Seinsebene kommuniziert. Halten Sie hierfür Ihr Pendel über die Worte „Gott zum Gruß" und fordern Sie das jeweilige Wesen dazu auf, diesen Gruß - mit Hilfe des Pendels - zurück zugeben. Wie Sie bereits wissen, wird ein Wesen der negativen Seinsebene diesen Gruß nicht oder nur zögerlich benützen wollen, wenngleich es für diese Tatsache keine logische Erklärung gibt. Aber - wie schon so oft erwähnt, eine 100%ige Garantie gibt es in bezug auf jenseitige Verhaltensweisen leider nie! Das ist so und wird sicherlich immer so bleiben! Deshalb ist „das Kontakten" der jenseitigen Welt für sensible Naturen nicht unbedingt ratsam. Doch nun wieder zurück zur „Begrüßungsformel". Bei einem positiven Kontakt hingegen, werden Sie meist sogar mit einem spontanen Schwingen des Pendels über diese „Formel" begrüßt!

Sie sehen also, Sie haben schon jetzt, noch bevor Sie tiefer in dieses Metier eingedrungen sind, zwei mögliche Kontakte zur Auswahl.

Gehen wir zunächst einmal auf die Möglichkeit eines Negativkontaktes ein. Sicherlich wollen Sie mit derlei Wesen nichts zu tun haben, was Ihnen dann keine andere Wahl lässt, als diese Wesen ruhig, aber bestimmt von sich zu weisen. Befehlen Sie also einem negativen Wesen mit fester Stimme, oder aber, falls Sie zu jenen gehören die geübt darin sind mit Gedankenkraft zu arbeiten, augenblicklich dorthin zurückzukehren, woher es gekommen ist. Untersagen Sie ihm den Kontakt zu Ihnen und machen Sie es darauf aufmerksam, dass Sie jetzt und auch in Zukunft keinen Kontakt zu Wesen der negativen Seinsebene wollen, (es sei denn, Sie zählen sich selbst zur negativen Zunft, aber in diesem Falle wissen Sie sehr wahrscheinlich sehr genau was Sie tun oder lassen müssen, um Kontakte zu wem auch immer herzustellen). Falls Sie sich aber der weißen Zunft zugehörig fühlen, so „verabschieden Sie diese Wesen mit fester und energischer Stimme und selbstverständlich ohne jede Ehrfurcht!

Wahrscheinlich werden Sie jetzt denken: „Na ja, eigentlich ist das ja sehr viel einfacher, als ich gedacht habe". Aber so leicht, wie Sie jetzt vielleicht glauben mögen, ist es in Wirklichkeit leider nicht! Wie wir aus langjähriger Erfahrung wissen, sind manche Negativeinflüsse tatsächlich von überaus großer Hartnäckigkeit und es bedarf schon eines größeren Einsatzes, um dieser Einflüsse wieder Herr zu werden. Allerdings entspricht das nicht der Norm und in aller Regel wird es genügen, wenn Sie sich konsequent gegen diese Art von Kontakt verwehren.

Nachdem Sie nun diesen Negativkontakt wie gerade beschrieben mit energischer Stimme und voller Vehemenz von sich gewiesen haben, vergewissern Sie sich, ob man Ihrem Befehl auch Folge geleistet hat. Fragen Sie wieder wie viele Wesen außer Ihnen und Ihrem spirituellen Führer anwesend sind und wenn man Ihnen die Zahl der Anwesenden mittels Pendel genannt hat, dann fragen Sie abermals nach, wie viele

Wesen davon der positiven Seinsebene angehören. Ist eine „Differenz" vorhanden, wissen Sie, dass Sie nach wie vor noch von Negativwesen umgeben sind. Falls das der Fall ist, dann erteilen Sie abermals Ihren „Befehl". Das tun Sie bitte solange, bis sich nur noch die von Ihnen gewünschten Wesen/Jenseitigen im Raum (oder in der Nähe im Freien) befinden.

An dieser Stelle möchten wir Ihnen gleich noch einen weiteren sehr wichtigen Hinweis geben. Beenden Sie eine „Sitzung" niemals mit dem Wissen oder auch nur dem leisen Verdacht es könnte sich noch ein negatives Wesen in Ihrer Umgebung aufhalten! Diese werden ein allzu leichtsinniges Verhalten Ihrerseits immer als eine Einladung zum Bleiben auslegen. Geben Sie immer ganz klar und deutlich zu erkennen, dass Sie keinesfalls gewillt sind, mit dieser Ebene in Kontakt zu treten! Natürlich kann sich niemand vollkommen sicher darüber sein, dass sich kein negatives Wesen mehr in unmittelbarer Nähe aufhält, aber es ist von großer Wichtigkeit, den eigenen Standpunkt klar und unmissverständlich zu vertreten und deutlich auszusprechen, an was einem gelegen ist. Dies schützt natürlich nicht gänzlich vor ungewollten Einflüssen, aber es macht Sie einfach sehr viel weniger anfällig für die Versuchungen, denen jeder, der sich mit dieser Materie beschäftigt, über kurz oder lang ausgesetzt sein wird.

Nachdem Sie die Situation hinreichend geklärt haben, bringen Sie in Erfahrung, wer von den positiven Geistwesen nun das „Wort" ergreifen möchte und dann können Sie sich in einer Art Frage/Antwort Unterhaltung austauschen, oder aber, Sie räumen diesem Wesen - oder falls mehrere vorhanden sind - einem nach dem anderen, die Möglichkeit ein, Ihnen mitzuteilen was es Ihnen übermitteln möchte.

Stellen Sie Ihrem Pendel die Frage: „Wie viele positive Geistwesen sind anwesend?" Danach gehen Sie die Zahlen von Null an aufwärts durch, solange, bis Ihnen das Pendel eine positive Antwort gibt, indem es auf die entsprechende Zahl schwingt. Seien Sie bitte nicht überrascht, wenn dabei mitunter eine Zahl genannt wird, die weit über Zehn liegt. Jenseitige Wesen sind sehr „gesellig" und äußerst mitteilsam, so dass sich durchaus schon mal ein Dutzend und mehr einfinden können, während Sie „arbeiten". Wenn Sie die Anzahl der positiven Wesen geklärt haben, dann verfahren Sie ebenso mit den Negativen. (Sie können, wenn Sie wollen, diese Prozedur noch vor die Formel „Gott zum Gruß" setzen, um so schon vorher einen Überblick zu bekommen mit wie vielen Sie es zu tun haben. Aber vergessen Sie bitte nicht, dies auch während ihrer Arbeit immer wieder zu tun).

Nachdem die Zahl der Anwesenden geklärt wurde, bringen Sie als nächstes in Erfahrung, mit wem Sie es zu tun haben. Das bedeutet, Sie fragen nach dem Namen dessen, der mit Ihnen in Kontakt treten möchte. An dieser Stelle kommt nun das erste Mal das Alphabet zum Einsatz. Halten Sie Ihr Pendel in einer Entfernung von etwa einem Zentimeter über die Mitte der Scheibe, so dass es frei nach allen Richtungen schwingen kann. Jetzt wird von Ihnen ein gewisses Maß an Geduld gefordert, denn auch in dieser Situation gilt, es ist noch kein Meister vom Himmel gefallen. Seien Sie also nicht ungeduldig, wenn die ersten Kontaktversuche nicht ganz so flüssig und reibungslos verlaufen, wie Sie es sich vorgestellt haben. Es bedarf einer gewissen Übung, die von den Jenseitigen angependelten Buchstaben flüssig zu lesen und nicht den Faden zu verlieren. Es kann auch sein, dass es Anfangs einige Startschwierigkeiten gibt und das eine oder andere nicht "leserlich" bei Ihnen ankommt. Machen Sie sich nichts daraus, so etwas ist durchaus normal. Auch Jenseitige brauchen mitunter eine gewisse Anlaufzeit, bis sie sich auf Sie und Ihr Pendel eingestellt haben. Sie werden sehen, je mehr Übung Sie in dieser Technik bekommen, desto leichter wird es Ihnen von der Hand gehen und desto größer wird die Informationsflut, die Ihnen übermittelt wird.

Wenn Sie Ihre Sitzung beenden wollen, dann sollten Sie dies unter Beachtung gewisser Regeln tun. Kontrollieren Sie noch einmal, wie viele und welche Art von Jenseitigen sich bei Ihnen aufhalten. Sollte sich herausstellen, dass noch der eine oder andere Negativeinfluss vorhanden ist, so befehlen Sie diese Wesen umgehend dorthin zurück, woher sie gekommen sind. Machen Sie bitte noch einmal unmissverständlich klar, dass Sie keinesfalls Kontakt zu diesen Wesen wollen und dass Sie auch künftig nicht beabsichtigen, mit deren Seinsebene in Verbindung zu treten. Wenn diese Situation zu Ihrer Zufriedenheit erledigt ist, so denken Sie bitte unbedingt daran, sich bei Ihren jenseitigen Freunden aus der positiven Seinsebene für deren Auskünfte zu bedanken, und tragen Sie diesen zum Abschluss noch auf, doch bitte zusätzlich für Ihren mentalen Schutz zu sorgen. Warum es so wichtig ist, jenseitige Wesen erst einmal „aufzufordern", bestimmte Dinge für uns Menschen zu tun, haben wir in einigen unserer Bücher erwähnt z.B. in „Schutz-, Fopp-, & Poltergeister" oder in „Schutzgeistkontakte leicht gemacht", und dieses Thema würde auch den Rahmen dieses Buches sprengen.

2. Variante: Automatisches Schreiben

Die nächste Möglichkeit einer Kontaktaufnahme, die Sie ebenfalls alleine durchführen können, ist die Form des Schreibens - mit Stift und Papier. Sicherlich haben Sie schon von jenen Menschen gehört, die Mittels eines Stiftes und eines vor ihnen liegenden Blattes Papier in Verbindung mit anderen Ebenen treten können und auf diese Weise sogar komplette Romane gechannelt bekommen. Diese Schreib-Medien lassen sich bei Bedarf in einen tiefen Ruhezustand sinken, der es ihnen erlaubt, mit den verschiedensten Wesenheiten in Kontakt zu treten. Dies geschieht, indem der Kontaktierte (also ein Wesen der anderen Dimension) die Führung des (Schreib-) Mediums übernimmt und auf diese Weise durch den in der Hand gehaltenen Stift all das niederschreibt, was er/sie aus der anderen Seinsebene zu berichten hat.

Dies mag sich im ersten Moment für Sie vielleicht ziemlich einfach zu handhaben anhören und Sie mögen auch annehmen, dass mediales Schreiben leicht durchführbar ist, doch diese Annahme ist leider falsch. Da man damit in einen jener Bereiche vorzudringen wünscht, der eine nicht zu unterschätzende mediale Kraft erfordert, sollte niemand enttäuscht darüber sein, wenn die ersten Versuche in Richtung erwünschten Kontaktes zum Jenseits nicht auf Anhieb gelingen wollen. Wir möchten an dieser Stelle ebenfalls nicht verschweigen, dass es nicht jedem Menschen gelingen wird, auf diese besonders ergiebige Art mit anderen Ebenen zu „kommunizieren". Um erfolgreich mit dieser besonders angenehmen Variante der Kontaktaufnahme arbeiten zu können, muss beim Anwender schon von Geburt an ein größeres mediales Potenzial vorhanden sein (ein wirklich guter Astrologe könnte Ihnen sogar sagen, ob das bei Ihnen der Fall ist oder nicht, falls Sie es nicht schon selbst von sich wissen, ob diese Fähigkeiten in Ihnen schlummert und vielleicht nur geweckt werden möchte!). Das bedeutet, dass Ihr bereits vorhandenes mediales Potenzial, weit über das hinausgehen sollte, was in den meisten der Menschen von Natur aus vorhanden ist und das durch die vorangegangenen Übungen nach und nach zum Leben erweckt werden konnte.

Wenn Sie sich dazu entschlossen haben, es mit dieser Methode zu versuchen, dann nehmen Sie auch hierzu wieder ihre (gereinigten!) „Steine" zur Hilfe, indem Sie diese oberhalb des vor Ihnen liegenden Blattes platzieren. Nehmen Sie Ihren Stift zur Hand, wobei es keine Rolle spielt, ob Sie Rechts- oder Linkshänder sind, und halten Sie den Stift möglichst locker. Berühren Sie nun mit dem Stift ganz sachte das vor Ihnen liegende Blatt Papier und schließen Sie Ihre Augen. Konzentrieren Sie sich nun ganz gezielt auf das, was Sie jetzt möchten, und bitten Sie gedanklich um positive Kontakte zur anderen Seinsebene oder sprechen Sie Ihren spirituellen Führer gezielt darauf an. Versuchen Sie sich dabei vollkommen zu entspannen und wenn möglich den Fluss Ihrer Gedanken so weit es geht zu kontrollieren - oder besser noch, diesen gänzlich auszuschalten. Ihr Bewusstsein muss dazu in der Lage sein, einem anderen Bewusstsein jenen Raum einzuräumen, welcher nötig ist, um eine gewisse Kontrolle über das Werkzeug der Kommunikation zu erlangen; das sind diesem Falle Sie und der Stift in Ihrer Hand.

Natürlich haben Sie während der vergangenen Zeit in Ihrem Umgang mit der anderen Seinsebene gelernt, sich so weit zurückzunehmen, dass es Ihrem Führer möglich ist, in Ihr Bewusstsein vorzudringen. Dies ist jedoch nicht vergleichbar mit dem, was beim Geistschreiben vor sich geht. Um Kontakt zur anderen Ebene auf die hier besprochene Art herbeizuführen, muss Ihr Bewusstsein in der Lage sein, ein gutes Stück der Eigenkontrolle aufzugeben, die sonst dazu dienen würde, eine Sperre gegenüber dem Einfluss eines anderen Wesens zu bilden. Für ein waches Medium ist es kein Problem, die dafür nötige Ruhe ganz bewusst zu erlangen. Für so jemanden ist es auch keine große Sache, ein „zweites Bewusstsein" zu akzeptieren, welches sich teilweise - mitunter auch ganz - und für die Dauer der Kontaktaufnahme sozusagen über das eigene Bewusstsein legen wird. Es gibt für diese interessante Variante leider auch kein brauchbares „Rezept" dafür, wie Sie es für sich ermöglichen können, genau an jenen Punkt absoluter Entspanntheit zu gelangen, der es Ihrem Bewusstsein „gestattet", dem Geist eines anderen Wesens Zutritt zu gewähren. Weiterhin ist es auch nicht jedermanns Sache, sich auf ein derartiges Experiment einzulassen und einem jenseitigen Wesen diese Form von Nähe zu gestatten.

Leider ergibt sich noch ein weiteres Problem, das von einem Menschen mit wenig ausgeprägten medialen Fähigkeiten nur sehr schwer zu meistern sein wird: das sichere Wissen, um welche Art von jenseitigem Wesen es sich tatsächlich handelt, und auch das „Erkennen können", ob es tatsächlich ein Wesen aus der anderen Seinsebene ist, mit dem man da gerade in Verbindung steht, oder ob all das, was sich als geschriebenes Wort auf dem Papier wiederfindet, nur dem eigenen Unterbewusstsein, der eigenen Fantasie entsprungen ist.

Sie sehen also, es ist tatsächlich alles andere als einfach, auf diese Art in Kontakt zu anderen Wesen zu treten. Das Geistschreiben erfordert nicht nur einige veranlagte Fähigkeiten, sondern auch eine gehörige Portion Selbstkritik, die es dem Anwender erlaubt, all das, was geschrieben wird, als das zu erkennen, was es wirklich ist.

Wenn es Ihnen aber gelungen sein sollte, den ersten gewünschten Kontakt auf diese Weise einzugehen, dann kann sich das zunächst einmal dahingehend äußern, dass Sie mit Ihrem Stift in scheinbar völlig unsinnigen Linien über das vor Ihnen liegende Blatt fahren. Ist das der Fall, können Sie in aller Regel schon einmal davon ausgehen, dass Sie kurz vor ihrem ersten Erfolg stehen. Wie bei jeder Fühlungnahme muss sich die Frequenz zwischen beiden Polen erst harmonisieren, bevor ein ungestörter „Empfang" möglich ist. Diese Harmonisierung äußert sich meistens in genau der von uns beschriebenen Weise.

Es kann natürlich auch sein, dass es bei Ihnen nicht nötig ist und Sie sofort, nachdem Sie ihren Stift in Position gebracht haben, Kontakt zur spirituellen Welt erhalten. Von diesem Zeitpunkt an gehen Sie bitte ganz genauso vor, wie wir es Ihnen schon für die Arbeit mit dem Pendel empfohlen haben. Fragen Sie laut oder gedanklich, mit wem Sie es gerade zu tun haben, und versäumen Sie nicht zu fragen, wie viele Wesen sich in diesem Moment bei Ihnen aufhalten. Handhaben Sie alles genau in der gleichen Weise, wie wir es Ihnen bereits beschrieben haben, doch denken Sie in diesem speziellen Fall der Kontaktaufnahme bitte immer daran, dass Sie all die Informationen, die Sie während dieser „Sitzung" erhalten, auch mit der unbedingt nötigen Kritikfähigkeit betrachten! Der Mensch neigt nun einmal dazu, sich gerne selbst etwas vorzugaukeln, und leider kommt es gerade in diesem speziellen Fall der Kontaktname immer wieder vor, dass man in Selbstbetrug verfällt.

Wenn Sie also auf diese spezielle Weise mit Ihrem spirituellem Führer zusammentreffen und dieser Ihnen gegenüber voll des Lobes ist für das was Sie sind, tun oder können, dann sollte Sie dies durchaus misstrauisch stimmen, denn Wesen der positiven Seinsebene und insbesondere unsere spirituellen Führer (Schutzgeister) loben nicht nur, sie tadeln natürlich auch da, wo es angemessen erscheint.

Bevor Sie Ihre Kontaktaufnahme beenden, überprüfen Sie noch einmal gründlich, wie viele Wesen sich bei Ihnen aufhalten und welcher Kategorie diese Wesen angehören. Je nach deren Zugehörigkeit werden Sie diese entweder mit freundlichen Worten aus Ihrem Umfeld entlassen, oder, sofern es sich um jene Spezies handelt, mit der Sie nichts zu tun haben sollten, von sich befehlen. Kontrollieren Sie danach noch einmal und beenden Sie dann Ihre Sitzung, indem Sie sich bei den positiven Wesen für die erhaltenen Auskünfte bedanken.

3. Variante: Arbeit mit dem Witchboard

Die nächste Alternative, die Sie auch wieder alleine durchführen können, ist die Arbeit mit einem Witchboard. Wir erwähnen diese Möglichkeit deshalb erst jetzt, weil sie uns als nicht ungefährlich erscheint, wir aber der Vollständigkeit halber trotzdem darauf eingehen wollen. Arbeitshilfen dieser Art können Sie inzwischen bei vielen Esoterikhandlungen beziehen, mit dem Versprechen in Form einer „Gebrauchsanweisung", so auf sehr einfache Weise mit der Geisterwelt in Verbindung treten zu können. Inzwischen gehören Sie, liebe Leser zu den Menschen, die bereits wissen, dass eine Fühlungnahme in die andere, unsichtbare Welt immer zwei Seiten haben wird, eine positive und eine negative. Stellen Sie sich nun einmal ein derartiges „Instrument zum Kontakten" in den Händen junger Menschen oder gar von Kindern vor, die von dem, was Sie inzwischen über dieses Metier wissen, noch nicht einmal den Funken einer Ahnung haben!

Wie leicht ist es doch, beinahe jeder Mensch mit etwas Außergewöhnlichem zu beeindrucken. Und was ist wohl außergewöhnlicher als ein hübsch verziertes Stück Holz, mit darauf gelegter Planchette auf die man ganz sacht seine Finger legt und die sich dann quasi wie von „Geisterhand" bewegt über die Unterlage fährt, auf der das Alphabet angeordnet ist. Die Buchstaben reihen sich bei dieser Methode manchmal sogar in Windeseile zu Worten und Sätzen, und schon ist man dem Gefühl der Faszination erlegen, aus der es mitunter kein Zurück mehr gibt. Diese unerklärliche Faszination wird sowohl junge Menschen, als auch Menschen fortgeschrittenen Alters in ihren Bann ziehen.

Stellen Sie sich bitte weiterhin vor, ein derartiges Instrument wird beispielsweise - wie das oft der Fall ist - als unterhaltsamer Partygag in eine Runde wissbegieriger Menschen gebracht, die ausgelassen feiern und schon das eine oder andere Glas Alkohol konsumiert haben. Keiner von ihnen hat bis zu diesem Zeitpunkt jemals bewussten Kontakt zur anderen Seinsebene genossen und wird nun ausgerechnet zu diesem ungünstig gewählten Zeitpunkt zum ersten Mal mit etwas derartigem konfrontiert. Natürlich besteht in dieser Situation die Möglichkeit, dass gar nichts geschieht und dass sich niemand aus der jenseitigen Welt „meldet". Wahrscheinlicher ist aber das Gegenteil! Und genau hier wird sich dann zeigen, dass keiner der Anwesenden weiß, mit welcher Art Wesen man es hierbei zu tun hat. Es können sich nun die verschiedenartigsten Wesen zu „Wort" melden und natürlich werden es nicht immer nur jene Wesen sein, die man der positiven Seite des Seins zuordnet. Sie, liebe Leser, wissen inzwischen, dass man diesen Einflüssen wohl nicht gänzlich Einhalt gebieten kann, dieser aber durchaus wieder Herr wird, indem man sich nicht ängstlich zeigt und sich von diesen Wesen nicht einmal ansatzweise dominieren lässt. Ein Mensch aber, der bis dato noch nichts über das weiß, was Sie inzwischen gelernt haben, kann durch sein leichtsinniges Verhalten eine ganze Zeit lang mit negativen Wesen in Kontakt bleiben, die sich erst nach und nach als das entpuppen, was sie tatsächlich sind. Hier hilft es nicht, den Kontakt abzubrechen und das Arbeitsgerät zur Seite zu legen, wie manche glauben mögen. Die Verbindung zu diesem Wesen wird trotz allem weiterhin bestehen und kann auf Dauer zu einer Energie raubenden Angelegenheit für den Betroffenen werden. (mehr darüber wieder in „Schutz-, Fopp-, & Poltergeister" und „Schutz vor Geistern")

Sie erinnern sich gewiss daran, dass ein jenseitiges Wesen mit zunehmender Dauer seines Aufenthaltes auf unserer Ebene, auch anderweitige Energien verbraucht (die des Kontakters, mitunter auch von jenen die im Umfeld des Kontakters leben und nicht nur während der Dauer des Kontaktens sondern auch darüber hinaus) und nicht nur seine eigenen Reserven. Während ein positives Wesen oder eben ein spiritueller Führer nach einer gewissen Zeit den Kontakt zu seinem „Schützling" unterbricht, um einem möglichen Energieabfall dieses Menschen vorzubeugen, hat ein negatives Wesen keinerlei Probleme damit, sich so lange an einen Menschen zu heften, bis sich für dieses Wesen etwas Besseres also ein geeigneteres „Objekt" - findet oder der Betroffene auf ein so geringes energetisches Niveau „abgesunken" ist, dass für den „Energievampir" ein weiterer Aufenthalt nicht mehr attraktiv genug erscheint. Glauben Sie uns, ein langer oder gar dauerhafter Negativeinfluss kann ganz erhebliche Folgen im Alltagsleben des Betroffenen haben und unter Umständen so weit gehen, dass er letztendlich nicht mehr in der Lage ist, sein Leben so zu meistern, wie er es in früheren Tagen gewohnt war.

Natürlich wissen Sie jetzt um die Gefahr, welche beim Gebrauch eines derartigen Werkzeugs für den Anwender entstehen kann. Und vielleicht mögen Sie jetzt gerade denken: "Gut und schön, aber das trifft ja sicherlich mehr auf jene zu, die leichtsinnig und unerfahren mit diesen Möglichkeiten umgehen." Sicherlich werden Sie sich nicht mehr dazu hinreißen lassen, sich bei einer Kontaktaufnahme leichtsinnig zu verhalten, aber die Arbeit an einem Witchboard birgt auch noch ein anderes Risiko, welches beim vorher beschriebenen „Schreibkontakt" mit Hilfe des letztendlich von Ihnen „geführten" Pendels, in dieser Form nicht gegeben ist. Um den Kontakt auf diese Weise herzustellen, wie das beim Witchboard nötig ist, bedarf es eines größeren Energiepotentials seitens eines jenseitigen Wesens, als das bei allen anderen Arten der Fall ist, weil nun das jenseitige Wesen selbst es ist, welches Ihre Hand über das Board „führen" wird und das „kostet" mehr an Kraft, als beispielsweise ein Pendel zum Schwingen zu bringen. Das bedeutet, ein „schwacher" Jenseitiger (wobei „schwach" sich natürlich nicht auf den Intellekt dieses Wesens beziehen muss) wird erst gar nicht die Möglichkeit haben, sich auf diese Weise mit Ihnen zu verbinden. (Und falls Sie merken, dass ein Wesen für die Arbeit am Witchboard zu schwach ist und Sie diesen Kontakt trotzdem wünschen, so können Sie ja beispielsweise wieder auf Ihr Pendel zurückgreifen!) Sie bekommen es hier folglich mit Energien zu tun, die, wenn negativ geartet, durchaus in der Lage sind, sich Ihren Befehlen zu widersetzen und sich anschließend an Sie zu „heften", ob Sie das nun wollen oder nicht! Und dann kann Ihnen nur noch ein in solchen Dingen erfahrenes Medium helfen, dessen Erfahrungen ausreichen, derartige Wesen wieder dorthin zu verbannen, woher sie gekommen sind. Natürlich müssen wir hier abermals darauf hinweisen, dass so etwas leider immer und bei jeder Art des Kontaktierens mit Jenseitigen passieren kann und Ihnen dürfte das Risiko zwischenzeitlich bestens bekannt sein, ganz besonders dann, wenn Sie einige unserer Bücher bereits kennen.

Wir wollen Ihnen an dieser Stelle gewiss keine Angst vor der anderen Dimension einflößen, auch wenn das durch die Zeilen vorher vielleicht so klingen mag, aber wir halten es für ausgesprochen notwendig, auf bestehende Eventualitäten aufmerksam zu machen, um Ihnen so die Möglichkeit einzuräumen, sich auf all jene Situationen einzustellen, in die Sie zwar nicht unbedingt geraten müssen, aber durchaus geraten könnten.

Denken Sie bei Ihrer mentalen Arbeit immer daran: Ein unsichtbarer Freund kann ein wunderbares Geschenk sein. Ein unsichtbarer Feind aber ist ein Fluch! Und wir wissen wovon wir reden, denn wir werden in schöner Regelmäßigkeit von Leuten aufgesucht, die sich beim Herumexperimentieren mit Jenseitigen lästige Anhängsel „eingefangen" haben und diese durch uns wieder loswerden wollen. Und es versteht sich von selbst, dass Sie, wenn Sie mit diesem Board arbeiten wollen, sich so schützen (Räuchern usw.) wie wir es hier in diesem Buch bereits ausführlich beschrieben haben.

Noch ein wenig Gruppenarbeit!

Eine weitere Möglichkeit, die sich Ihnen bietet, ist die Zusammenarbeit mit mehreren Gleichgesinnten, beispielsweise mit jenen, die Sie bereits zum Zwecke anderer Formen des Kontaktes um sich versammelt haben. Allerdings sollte sich jeder der Betroffenen schon vorher darüber im Klaren sein, ob er das, was Sie für Ihre Gruppe jetzt geplant haben, auch wirklich möchte! Sollte nur einer in der Gruppe sein, der sich nicht dazu in der Lage fühlt, auf die im Anschluss angesprochenen Arten mit der anderen Ebene in Kontakt zu treten, dann sollte dies auch nicht geschehen, zumindest nicht mit dieser Person! Einigkeit macht stark, aber wenn nur einer der Teilnehmer über ein eher ängstliches Naturell verfügt, könnte sich das unter Umständen auf die ganze Gruppe auswirken, weil im Falle eines Negativkontaktes diese frei gesetzte Angst das gesamte Energiepotenzial des negativen Jenseitigen um einiges verstärken kann. Die arbeitende Gruppe hätte einige Schwierigkeiten, dieses Wesen wieder dahin zu befördern, woher es gekommen ist. Durch von Menschen erzeugte Angstgefühle besteht immer die Möglichkeit, dass sich Wesen negativer Regionen ganz besonders wohl fühlen und sie sich an denjenigen heften, der diese Gefühle aussendet, oder aber sie wählen jene Person, die ihnen mental den geringsten Widerstand bieten. Angst, mentale Schwäche, Krankheit - egal ob seelisch, geistig oder körperlich - sind sozusagen ideale Voraussetzungen für diese Wesen. Bitte prägen Sie sich das gründlich ein und berücksichtigen Sie diese Tatsache bei Ihrer mentalen Arbeit und machen Sie bitte auch andere darauf aufmerksam!

Wie also sieht die Zusammenarbeit in der Gruppe in diesem Fall aus? Zunächst einmal benötigen Sie genauso wie bei der Arbeit mit einem Pendel ein rundes Brett, auf dem die Anordnung des Alphabets und der Zahlen genau die selbe ist, wie Sie es bereits kennen gelernt haben. Auch die Worte „Ja" und „Nein" und die Formel „Gott zum Gruß", wird sich auch auf diesem Brett hier, in genau der gleichen Anordnung wiederfinden, wie auf der „Scheibe" die Sie zum Pendeln benützen können.

Der Unterschied zwischen Scheibe und Brett besteht in der Größe , aber auch in der Beschaffenheit der Oberfläche. Der Durchmesser des Brettes sollte etwa einen Meter betragen und die Oberfläche sollte so glatt als möglich geschliffen sein. Gut eignet sich für einen solchen Zweck beispielsweise eine Buchenholzplatte von etwa einem Zentimeter Stärke. Von großem Vorteil wäre es auch, wenn Sie jemanden hätten, der Ihnen dieses Brett schenkte, und Sie anschließend nur noch die Beschriftung vorzunehmen bräuchten. Natürlich können Sie es sich genauso gut auch selbst herstellen, aber nach alter Überlieferung ist es sehr viel besser für den Erfolg Ihrer „Arbeit", wenn das Brett ein Geschenk eines lieben Menschen ist. Weshalb? Weil dann noch zusätzlich die positive Energie einer Gabe, eines Geschenkes im Brett enthalten ist, wodurch die Grundschwingung um einiges gehoben wird und weil das einem alten Brauch entspricht!

Wenn Sie nun Ihr Brett so weit vorbereitet haben, dass es der im Buch enthaltenen Anleitung entspricht, brauchen Sie als nächstes noch ein leichtes, nicht als zu großes und nicht allzu schweres Glas, das Sie mit der Öffnung nach unten auf das Brett stellen. Auf den jetzt nach oben weisenden Glasboden legt jeder der Anwesenden seinen Zeigefinger. Ob von der linken oder rechten Hand, spielt dabei keine Rolle. Berühren Sie alle das Glas nur ganz sachte, denn je weniger Druck auf es ausgeübt wird, desto leichter werden sich die Energien der Jenseitigen übertragen lassen. Denken Sie bitte daran, dass es diese Wesen einen nicht unerheblichen Kraftaufwand kostet, das Glas, auf welchem Ihre Finger und die der anderen Teilnehmer ruhen, über die einzelnen Buchstaben zu schieben, denn ein Glas ist sehr viel schwerer und da das Brett größer ist als die Scheibe oder das Witchboard, ist auch die Entfernung die das Glas beim „Rutschen" zurücklegen muss, größer. Das bedeutet für ein Wesen der anderen Seinsebene, dass es sehr viel an Energie verbrauchen muss (die eigene und die der Menschen).

Auch bei dieser Art der Kontaktaufnahme verfahren Sie so, wie Sie es schon kennen gelernt haben. Stellen Sie wieder Ihre Fragen bezüglich der Anzahl und Art der anwesenden Jenseitigen und seien Sie auch hier nicht leichtgläubig. Verfahren Sie jedes Mal aufs Neue so, als ob Sie sich zum ersten Mal in Ihrem Leben mit diesen Dingen auseinandersetzen.

Wenn Sie sich dazu entschlossen haben, auf diese eben geschilderte Art zu arbeiten, dann wird auf Sie eine wahre Flut an Informationen zukommen, von denen Sie sehr wahrscheinlich noch nicht einmal zu träumen gewagt haben. Lassen Sie sich dadurch aber bitte nicht aus der Ruhe bringen und bleiben Sie, egal was auch immer Sie dabei zu hören bekommen, stets auf dem Boden der Tatsachen. Und noch etwas: Jenseitige sind aufgrund Ihrer übergeordneten Daseinsform durchaus in der Lage, Ihre Gedanken zu lesen und Ihnen mitunter genau das zu sagen, was Sie so gerne hören möchten oder was Ihrer Persönlichkeit schmeichelt. Auf diese Art gelingt es den Wesen der negativen Seinsebene, sich nach und nach in das Vertrauen der Anwesenden zu schleichen, ohne dass es diesen - zumindest anfangs - wirklich bewusst wird. Natürlich bleibt es Ihnen selbst überlassen, zu wem und was Sie letztendlich Kontakt aufnehmen und pflegen möchten. Sie sollten sich aber dennoch immer bewusst sein, dass jene Wesen der negativen Region niemals uneigennützig handeln und Sie daher ab einem gewissen Zeitpunkt immer Ihre Rechnung präsentiert bekommen!

Die Seance

Zum Abschluss dieses Kapitels möchten wir Ihnen noch ein Beispiel der Kontaktaufnahme nennen, welches Ihnen vielleicht weniger an konkreten Informationen, als das bei den anderen Methoden möglich war, aber dafür auch einiges mehr an „spektakulären" Erlebnisse der ganz besonderen Art bietet.

Sicherlich haben Sie schon einmal von einer Seance gehört, bei der die anwesenden Personen um einen Tisch herum sitzen (möglichst ein runder!), sich an den Händen fassen und so ohne jedes Hilfsmittel den Kontakt zur anderen Seinsebene herstellen. Wir werden an dieser Stelle nur mit einigen wenigen Sätzen auf diese Möglichkeit eingehen, da diese Methode wegen ihrer mitunter wirklich spektakulär zu nennenden Ergebnisse in bestimmten Kreisen zwar sehr beliebt ist, wir persönlich diese Methode aber als für Laien recht gefährlich einstufen und weil die Auswirkungen auf schwache Gemüter nicht immer positiv sind.

Aus dem Zusammenkommen der medialen Energie eines sehr fähigen Mediums und jener Energie, die der anderen Seinsebene entstammt, können gewaltige Kräfte erwachsen, die es einem oder mehreren jenseitigen Wesen ermöglichen sich sowohl akustisch als auch in einer mehr oder weniger starken Manifestation bemerkbar zu machen. Da diese Art der Kontaktaufnahme gewiss nicht jedermanns Sache ist, kann es bei den anwesenden Personen sehr leicht zu Überreaktionen, Angst, Hysterie usw. kommen, was sich dann natürlich sehr negativ auf die Sicherheit der gesamten Gruppe auswirken würde.

Der Zusammenschluss mehrerer mental geübter Personen mit wenigstens einem anwesenden sehr talentierten Medium wird letzterem die Möglichkeit gewähren, den Kontakt zur anderen Seinsebene dermaßen zu intensivieren, dass es den anwesenden Jenseitigen teilweise auch möglich wird, Gegenstände, die sich im Raum befinden, zu bewegen oder die eine oder andere Person körperlich zu berühren. Aber auch derartige Berührungen sind natürlich „Geschmacksache" und wir können Ihnen versichern, dass selbst „hartgesottene" Zeitgenossen während eines solchen Erlebnisses in Angst und Schrecken ausgebrochen sind. Bitte denken Sie daran: Mit diesen Dingen befasst man sich nicht nur so einfach zum Spaß!

Teil 4:
Schutz vor negativen Wesen

Bestimmt haben Sie sich bei der Lektüre dieses Buches schon mehrmals gefragt, wie es denn mit Ihrem Schutz vor jenseitigen Wesen aussieht, wenn Sie sich auf die eine oder andere hier beschriebene Methode einlassen Zunächst einmal muss hier noch einmal deutlich betont werden, dass es einen hundertprozentigen Schutz vor jenseitigen Wesen niemals wirklich geben kann. Alle existierenden Ebenen sind auf die eine oder andere Weise miteinander verwoben und ob wir Menschen es wollen oder nicht, ob wir nun zu den „Wissenden" gehören oder nicht, wir werden mit dieser Tatsache täglich konfrontiert. Der beste Schutz vor Wesen jeder Art ist das Wissen um ihre Existenz. Durch dieses Wissen wird man nicht mehr jedem mentalen „Angriff" schutzlos ausgeliefert sein. Hinzu kommt, dass Sie auf diese Weise jene mitunter unerklärlichen Ängste, jenes unerklärliche „Sich-irgendwie-beobachtet-Fühlen", besser verstehen lernen und somit auch in Zukunft besser damit umgehen können.

Angst ist eine nicht zu unterschätzende Kraft, deren Energie für negative Wesen eine willkommene Bereicherung darstellt. Je größer Ihre Angst, desto größer die Macht derer, die Ihre Angst und die daraus resultierende Energie für sich zu verwenden verstehen. Ein menschliches Wesen, das keine oder nur sehr wenige Ängste hat, ist im Grunde kaum angreifbar, da es dem Angreifer nur sehr schwer möglich ist, sein vermeintliches Opfer einzuschüchtern und so von ihm das zu bekommen, was es sich erhofft. Wenn Sie sich schon vor Beginn Ihrer privaten „Geisterstudien" darüber im Klaren sind, was unter Umständen so alles auf Sie zukommen könnte, und Sie diesen Eventualitäten mit einer gewissen Ruhe und Gelassenheit (aber keinesfalls mit Nachlässigkeit!) entgegensehen, dann werden Sie sehr wohl in der Lage sein, sich bestens vieler negativer Einflüsse erwehren zu können.

Allerdings sollten Sie sich Ihrer Sache auch tatsächlich sicher sein und sich keinesfalls mehr zutrauen, als Sie im Nachhinein verantworten können. Seien Sie sich gegenüber immer ausgesprochen ehrlich und versuchen Sie sich bei Ihren kleinen und größeren privaten Experimenten nicht weiter aus dem Fenster zu lehnen, als gut für Sie ist! Niemand kann vorhersagen, was einem Suchenden auf seinem Weg durch unbekanntes Neuland begegnen wird. Und niemand kann Ihnen vorher sagen, wer oder was sich während dieser Zeit, in der Sie unbekanntes „Land" erforschen, zu Ihnen gesellt. Man kann auch nicht wissen, ob Sie selbst zu jenen gehören, die schon in Vorleben mit diesen Dingen zu tun hatten und nun sozusagen wieder „alte Bekannte" aus der anderen Seinsebene treffen. Alles und nichts ist möglich!

Aber was Sie auch noch wissen müssen: Die jenseitige Welt oder besser gesagt, die „Bewohner" dieser Seinsebene, haben viele unterschiedliche Gesichter, derer sie sich nach Belieben bedienen können, und kein Mensch hat jemals alle davon gesehen. Ein ganz wichtiger Faktor für Ihren persönlichen Schutz vor jenseitigen Wesen ist, sich niemals, und das meinen wir sehr ernst, auf eine Kontaktaufnahme einzulassen, während Sie womöglich unter dem Einfluss bewusstseinserweiternder Drogen, Alkoholeinfluss (und sei es auch nur ein einziges Glas) oder - was noch schlimmer wäre - unter dem Einfluss von Psychopharmaka stehen. Derlei Drogen üben einen sehr starken negativen Einfluss auf Ihren natürlichen Schutz vor jenseitigen Wesen aus und machen Sie auf diese Weise sehr viel anfälliger für deren Absichten. Allein über deren „Absichten" könnte man Bücher füllen!

Der Vollständigkeit halber soll an dieser Stelle natürlich erwähnt werden, dass es bei einigen (Natur-) Völkern durchaus üblich ist, mittels bewusstseinserweiternder Drogen den Kontakt in die Welt der Geister zu suchen. Es darf hierbei aber nicht vergessen werden, dass diese Menschen eine natürliche und unverfälschte Begabung für derlei Dinge besitzen und selbst unter dem Einfluss berauschender Mittel wissen, mit wem oder was sie es zu tun haben. Diese Menschen, und spezielle jene unter ihnen - nennen wir sie Schamanen, Heiler, Hexen oder Magier - sind schon allein durch ihre „Berufung" im Besitz starker mentaler Kräfte, die es ihnen ermöglichen, auch stärksten Negativeinflüssen mit Erfolg zu begegnen. Diese Leute werden natürlich wissen, wie man derlei Wesen mit einigen knappen Befehlen - auch durch die Anwendung eigens hierfür erstellter Formeln - unverzüglich in ihre Schranken weist.

Die im folgenden aufgezählten Schutzvarianten, die Sie jederzeit anwenden können, sind für Sie und, falls Sie in einer Gruppe arbeiten, natürlich auch für alle anderen relativ leicht anwendbar, werden aber erst dann tatsächlich effektiv wirken können, wenn Sie es gelernt haben, Ihre Ängste zu kanalisieren und somit allen negativen Einflüssen den „Nährboden" zu entziehen. Seien Sie sich aber trotzdem immer der Tatsache bewusst, dass es ein „Allheilmittel", einen hundertprozentigen Schutz dennoch nicht geben kann! (Dies kann nicht oft genug wiederholt werden).

Das Gebet

Beginnen wir mit der einfachsten, inzwischen vielleicht unpopulärsten, aber trotzdem nicht zu unterschätzenden Methode des Gebetes. Keine Angst, wir wollen Sie hier nicht mit kirchlichen Gebräuchen der letzten zweitausend Jahre konfrontieren oder gar langweilen, sondern rein mit der Tatsache vertraut machen, dass ein Gebet, welches in reinem Glauben an den Schöpfer allen Seins gesprochen wird, genau das bewirken kann, was Sie sich davon erhoffen! Es ist hierbei tatsächlich vollkommen unerheblich, welcher Glaubensrichtung Sie sich zugehörig fühlen, oder ob Sie sich überhaupt einer Glaubensrichtung zugehörig fühlen, sofern Sie zumindest an eine allumfassende Macht glauben.

Es gibt von Natur aus bedingt lediglich zwei Richtungen, an die Sie sich wenden können. Die eine ist positiver Natur und die andere negativer. Diese beiden Pole sind existent, und unabhängig davon, mit welchen Namen sie versehen werden und welchen Göttern man sie zuordnet, bleiben sie, was sie sind und schon immer waren: Energieformen, die für die Existenz einer jeden Dimension, eines jeden Universums eine Grundvoraussetzung sind.

Wenn Sie sich allerdings nur schwer vorstellen können, ein Gebet direkt an Gott, den Schöpfer allen Seins zu richten, dann richten Sie Ihr Gebet eben an jene positive

Energie, mit der Sie sich verbunden fühlen und mit der Sie sich während Ihrer Kontaktaufnahme umgeben möchten, und bitten Sie diese um Hilfe und Beistand. Sie können sicher sein, Ihre Worte oder Gedanken werden nicht ungehört bleiben. Glauben Sie an das, was Sie sich wünschen, glauben Sie fest daran, dass es sich schon bald erfüllen wird. Der menschliche Glaube vermag tatsächlich Berge zu versetzen! Beten Sie um Schutz vor negativen Einflüssen und um Beistand und Kraft, diesen notfalls mit Ruhe und Besonnenheit begegnen zu können, falls diese doch zu Ihnen durchdringen sollten, und beten Sie darum, dass Sie die richtigen Worte finden, um diesen Wesen ohne Angst entgegentreten zu können. Sie werden spüren, wie sich Ihre mentalen Abwehrkräfte nach und nach vervielfachen und Sie dadurch „erstarken". Zweifeln Sie nicht an der Kraft Ihres Gebets, denn nur dann wird sich diese Energie tatsächlich voll und ganz entfalten können.

Schränken Sie sich nicht ein, indem Sie etwas unversucht lassen, nur weil Sie momentan vielleicht nicht daran glauben wollen. Versuchen Sie es erst einmal und fällen Sie erst dann ein Urteil.

Wie so ein Gebet nun „gestaltet" sein sollte, richtet sich in erster Linie danach, was Sie sich davon versprechen und was Sie mit diesen Worten erreichen möchten. Ganz allgemein betrachtet, kann es nur von Nutzen sein, wenn Sie bereits vor Ihrer geplanten Kontaktaufnahme um mentalen Schutz vor negativen Wesen bitten. Richten Sie diese Bitte an die im Raum vorhandene positive Energie und bedanken Sie sich für deren Hilfe. Es steht Ihnen natürlich frei, ob Sie das Gebet laut sprechen, oder es in Gedanken vollziehen.

Das selbe können Sie natürlich auch am Ende einer Kontaktaufnahme tun. Wiederholen Sie noch einmal Ihre anfangs formulierte Bitte um Schutz vor negativen Einflüssen und beziehen Sie in diese Bitte um Schutz auch Ihre Wohnung und Ihre Mitbewohner ein.

Seien Sie sich aber immer im Klaren darüber, dass auch Sie dazu bereit sein müssen, etwas für diesen Schutz zu tun. Gebet und Glaube sind eine nicht zu unterschätzende Macht, der eigene Wille und die Tatkraft jedes einzelnen ergänzen die Energie eines Gebetes jedoch ungemein. Halten Sie sich einfach vor Augen, dass für die Erfüllung eines Wunsches, in diesem Falle ein Gebet, auch eine Portion Eigeninitiative nötig ist, die Ihnen dabei behilflich sein wird, genau das zu bekommen oder das zu können, was Sie sich vorgenommen haben.

Um eben diese Portion Eigeninitiative geht es auch im Anschluss.

Schutz durch Energiearbeit

Zunächst einmal sollten Sie sich darüber im Klaren sein, dass Ihnen bei Anwendung dieser Form des Selbstschutzes eine gehörige Portion Eigeninitiative abverlangt werden wird. Diese Eigeninitiative wird sich rein auf ihre geistigen, mentalen Fähigkeiten beschränken, Bilder visualisieren zu können. Das mag sich für einige im ersten Augenblick nicht allzu schwierig anhören, für andere wiederum wird allein schon die Vorstellung, so etwas zu können, nicht nachvollziehbar sein. Tatsächlich ist es weder schwer erlernbar, noch ist es schwierig in der Anwendung! Es erfordert in erster Linie lediglich einiges an Selbstdisziplin und ein gewisses Talent der eigenen Vorstellungskraft, um eben jene Gedankenbilder erzeugen zu können und diese anschließend für eine gewisse Zeit aufrecht zu erhalten. Diese Art der Visualisierung wird sich teilweise von jener, die Sie anfangs kennen gelernt haben, unterscheiden, teilweise wird sie dieser aber auch ähnlich sein.

Während es bei Ihrer ersten Kontaktsuche nur von untergeordneter Bedeutung war, ob Sie das von Ihnen mittels mentaler Vorstellungskraft (visualisierte) Bild auch für eine gewisse Zeit vor Ihrem geistigen Auge aufrecht erhalten konnten, so ist es bei dieser Arbeit von großer Wichtigkeit, dass Sie Ihrer Visualisierung Stabilität verleihen. Genauso, wie durch eine Rüstung von minderer Qualität eine jede Waffe dringen kann, so kann ein negativer Einfluss durch ein mentales Verteidigungsschild dringen, welches nicht perfekt aufgebaut und gehalten wird.

Wie erreiche ich diese dafür notwendige Stabilität? Wie kann ich ein Bild vor meinem geistigen Auge aufrecht erhalten, das es in der Realität nicht gibt? Die Antwort ist: Indem Sie zunächst einmal damit beginnen, Ihren Geist darin zu schulen, sich einfache Gegenstände einzuprägen, um diese zu jeder beliebigen Zeit vor Ihrem geistigen Auge aufzurufen.

Um Ihre mentalen Fähigkeiten dahin gehend zu schulen, bedarf es einer gewissen Vorbereitungszeit und einiger in mehrere Schritte unterteilter Übungen, die Sie der Reihe nach durcharbeiten sollten, und zwar so lange, bis Sie das Gefühl haben, diese Übungen aus dem Effeff zu beherrschen. Halten Sie sich bitte genau an die Reihenfolge der Übungen und führen Sie diese tatsächlich so lange aus, bis Sie sich wirklich vollkommen sicher in deren Anwendungen sind. Erst die dadurch gewonnene Sicherheit, wird Sie befähigen, Ihren eigenen mentalen Schutzschild aufzubauen und diesen nach Belieben und ohne jegliche „Schwachstellen" aufrecht zu erhalten.

Sie haben in der Zwischenzeit gelernt, sich in einen Zustand tiefer Ruhe zu versetzen, der es Ihnen erlaubt, Ihre mentalen Energiereserven ganz nach Belieben und Bedarf zu erneuern oder ohne nennenswerte Mühe mit ihrem spirituellem Führer in Verbindung zu treten. Dieser Ruhezustand ist für die erste Zeit Ihrer Visualisierungsübungen von großem Vorteil, da es Ihnen auf diese Weise gewiss sehr viel leichter fallen wird, Ihr Ziel, ein stabiles Bild vor Ihrem geistigen Auge, schnellstmöglich zu erreichen.

Erste Trainingsstufe

Legen Sie sich, bevor Sie mit Ihrer Übung beginnen, einen für den Anfang einfach geformten Gegenstand zurecht. Dies kann ein Würfel, ein kleiner Ball oder auch ein Apfel sein. Wichtig dabei ist einzig, dass Ihr ausgewähltes Objekt, zunächst keine besonderen und allzu komplizierten Merkmale aufweist. Charakteristische Merkmale würden Sie während Ihrer ersten Trainingseinheiten nur unnötig vom Wesentlichen ablenken und sie würden Ihnen auch gewisse Schwierigkeiten bereiten, da Sie noch nicht über die nötige Routine verfügen. Je einfacher die von Ihnen gewählte Form des Objektes ist, desto schneller wird es Ihnen gelingen, es vor Ihrem geistigen Auge ent-

stehen zu lassen. Sie versetzen sich also in Ihren gewohnten Ruhezustand und konzentrieren sich, nachdem Sie diesen erreicht haben, auf den vor Ihnen liegenden Gegenstand. Betrachten Sie diesen für etwa zehn Sekunden möglichst genau und schließen Sie dann die Augen. Lassen Sie nun das Objekt vor Ihrem inneren Auge entstehen. Versuchen Sie das Bild, sobald Sie es haben entstehen lassen, so lange, wie es
Ihnen möglich ist, aufrecht zu erhalten. Sobald Sie spüren, wie Ihnen das Bild zu ent-
gleiten beginnt, öffnen Sie wieder die Augen. Konzentrieren Sie sich erneut auf den
Gegenstand Ihrer Wahl und schließen Sie danach abermals die Augen. Nun lassen Sie
erneut das Bild vor Ihrem inneren Auge entstehen und halten es, so lange es Ihnen
möglich ist, aufrecht. Beziehen Sie auch die Farbe des Objektes mit in Ihre Übung
ein, selbst dann, wenn Ihnen das gerade zu Beginn Ihres Trainings als zusätzlicher
Schwierigkeitsgrad erscheinen mag.

Sie werden feststellen, dass diese Übung sich anfangs sehr viel einfacher anhört,
als sie letztendlich ist, aber auch in der Welt der Magie, oder des Spiritismus, ist vor
den Erfolg die Arbeit gesetzt, vielleicht sogar mehr als Sie denken. Lassen Sie sich
aber auf gar keinen Fall entmutigen, denn schon bald werden Sie die ersten Erfolge
für sich verbuchen können. Behalten Sie diese einfache Übung so lange bei, bis es
Ihnen wirklich keine Mühe mehr bereitet, den Gegenstand Ihrer Wahl, auf Anhieb
vor Ihrem inneren Auge entstehen zu lassen und das davon erzeugte Bild, dort auch
beliebig lange aufrecht erhalten werden kann. Der Idealfall sollte so aussehen, dass
Sie - nach ausreichend langer Zeit des Übens versteht sich - dies sogar dann können,
wenn Sie vorher nur einen kurzen Blick auf den Gegenstand Ihrer Wahl geworfen
haben. Erst wenn Ihnen das keine Schwierigkeiten mehr bereitet, sollten Sie sich an
die nächste Stufe Ihres Trainings wagen. Setzen Sie sich nicht unter Druck, aber versuchen Sie jeden Tag, doch zumindest einige Minuten für ihre Visualisierungsübung
einzuplanen.

Zweite Trainingsstufe

Während der zweiten Stufe Ihres mentalen Trainings, werden Sie sich an Gegens-
tänden versuchen, die gleich einige markante Merkmale aufweisen so zum Beispiel
durch eine ungewöhnliche Farb-, oder Formkombination. Welche Gegenstände Sie
sich dafür auswählen, bleibt Ihnen und Ihrem persönlichen Geschmack überlassen.
Sie sollten jedoch darauf achten, dass Sie sich dabei nicht zu sehr fordern, da sonst
die Gefahr besteht, dass Sie ab einem gewissen Punkt Ihrer Mentalarbeit nicht weiter
kommen und deshalb vielleicht vorschnell und entmutigt aufgeben. Möglicherweise
werden Sie auch Tage erleben, an denen Sie nicht mehr in der Lage sind, auch nur
einfachste Bilder zu visualisieren. Das kann schon mal vorkommen und Sie sollten
darüber nicht den geringsten Gedanken verlieren. An diesen Punkt wird früher oder
später jeder einmal gelangen. Auch hier gilt die Regel, dass sich auf der mentalen E-
bene nichts erzwingen oder gar in Rekord verdächtiger Zeit erreichen lässt. Legen Sie
im Falle einer mentalen Niederlage ganz einfach einige Tage Pause ein und fahren
Sie erst dann wieder mit Ihrer Mental-Ausbildung fort, wenn Ihnen wieder danach
zumute ist.

Wenn Sie dann mit Ihren Übungen so weit fortgeschritten sind, dass es Ihnen auch hier keine Schwierigkeiten mehr bereitet, ein Bild des von Ihnen ausgewählten Gegenstandes, wann immer sie wollen, zu visualisieren und es, so lange Sie wollen, aufrecht zu erhalten, dann können Sie sich getrost dem dritten Schritt in Ihrer mentalen Ausbildung zuwenden.

Dritte Trainingsstufe

Wählen Sie sich jetzt unbedingt ein Objekt von möglichst unregelmäßiger Form-, Farb-, und Beschaffenheit (Material) und beginnen Sie Ihr Training von neuem. Prägen Sie sich jede Einzelheit und jedes noch so kleines Detail genau ein und schließen Sie dann Ihre Augen. Möglicherweise werden Sie trotz Ihrer vorangegangenen Erfolge feststellen, dass es gar nicht so einfach ist, nun auch dieses Ziel zu erreichen. Aber selbst wenn Sie nun bei dieser dritten Übung mehr Zeit und Geduld aufwenden müssen, als das bei den vorangegangenen Übungen der Fall war, bleiben Sie bitte am Ball, Pardon - am Gegenstand Ihrer Wahl - und üben Sie so lange, bis sich auch hier der gewünschte Erfolg einstellt!

Vierte Trainingsstufe

Der vierte Schritt besteht darin, dass Sie einer bisher „unbeweglichen" Visualisierung „Leben" einhauchen sollen. Das bedeutet, Sie betrachten den von Ihnen ausgewählten Gegenstand abermals sehr gründlich von allen Seiten, schließen dann die Augen und lassen diesen Gegenstand nun vor Ihrem inneren Auge wieder entstehen. Konzentrieren Sie sich jetzt darauf, dass dieser Gegenstand sich zu bewegen beginnt, indem er sich beispielsweise um seine eigene Achse dreht, oder sich von links nach rechts, oder von oben nach unten bewegt. Achten Sie dabei zusätzlich darauf, dass Sie die einzelnen, für diesen Gegenstand charakteristischen Merkmale während der Visualisierung auch genauso wieder „entstehen" lassen, wie es der Realität entspricht.

Der mental erzeugte Schutzschirm

Nachdem Sie sich auf dem Gebiet des Visualisierens eine gewisse Sicherheit erworben haben, beginnt die eigentliche Arbeit für Sie: die Arbeit an Ihrem mentalen Schutzschirm und das Entwickeln Ihrer Fähigkeit, diesen „Schirm", wann immer es wichtig für Sie ist, so effektiv als möglich zur Anwendung zu bringen. (mehr darüber u.a. auch in „Schutzgeistkontakte leicht gemacht"). Vielleicht haben Sie schon einmal von einer Licht- oder Laserschranke gehört, mittels der man schützenswerte Objekte sichert und bei deren Unterbrechung - durch was und wen auch immer - sofort ein Alarmsignal ausgelöst wird. Sicher haben Sie auch schon einige Filme gesehen, in denen man solche Laserstrahlen bewundern konnte. Das Prinzip Ihres mental erzeugten Schutzschildes ist ein ähnliches, nur dass hierbei nicht das Auslösen des Alarms im Vordergrund stehen wird, sondern die mentale Abwehr! Natürlich wird auch hier wieder das Training vor den Erfolg gesetzt sein, aber dafür steht Ihnen als Belohnung für Ihre unerschöpflichen Mühen ein wirkungsvolles „Mittel" zur mentalen Selbstverteidigung zur Verfügung.

Beginnen Sie zunächst damit, vor Ihrem geistigen Auge einen Lichtstab aus hell leuchtender, positiver Energie entstehen zu lassen. Üben Sie so lange, bis Sie das gedanklich erzeugte Bild mühelos halten können. Sobald Ihnen das gelingt, beginnen Sie damit, diesen mentalen Lichtstab zu bewegen. Welche Bewegungen Sie dabei durchführen, bleibt Ihnen und Ihrer eigenen Fantasie überlassen. Es geht nur darum, dass Sie die positive Energie in Form dieses Lichtstabs handhaben können, wie immer Sie es wollen.

Als nächstes stellen Sie sich den Raum vor, in dem Sie sich gerade aufhalten. Hierbei kommt es nicht darauf an, ihn in allen Einzelheiten, also mit allen darin befindlichen Einrichtungsgegenständen zu visualisieren, sondern darauf, dass Sie sich mental darin zurechtfinden und mit geschlossenen Augen wissen, wo genau sich Fenster und Türen befinden. Wenn Sie soweit sind, sich das in Gedankenbildern vorstellen zu können, dann lassen Sie Ihren leuchtenden Stab aus positiver Energie darin entstehen und beginnen mit ihm alle Fenster- und Türrahmen „abzufahren". Beginnen Sie rechts unten und fahren Sie die Kanten entlang, bis Sie an Ihrem Ausgangspunkt zurückgekehrt sind. Stellen Sie sich dabei klar und deutlich vor, wie die von Ihrem Leuchtstab berührten Kanten nun ebenfalls - quasi „umrandet" von positiver Energie - in der Farbe des imaginären „Energiestabes" zu leuchten beginnen.

Jetzt haben Sie die Zugänge ihres Aufenthaltsortes mittels positiver Energie mental „versiegelt". Das Gleiche wiederholen Sie dann, indem Sie an allen Ecken und Linien des Raumes mit Ihrem Energiestab gedanklich „entlangfahren". Auf diese Weise versiegeln Sie Ihren Aufenthaltsort zusätzlich und erschweren somit jedem negativen Einfluss den Zutritt ungemein. Eine logische Erklärung für die Brauchbarkeit dieser mentalen Barriere gibt es leider (noch) nicht, genauso wenig, wie sich das Jenseits nebst seinen unsichtbaren Bewohnern (noch) nicht mit Logik erfassen lässt!!

Üben Sie so lange, bis Sie diese Technik perfekt und wenn nötig, auch im Schlaf beherrschen. Sie sollten schon in der Lage sein, diese Technik an jedem beliebigen Ort und zu jeder beliebigen Zeit anwenden zu können. Magier und professionelle Jenseitskontakter leben sozusagen mit dieser oder einer ähnlich gearteten Technik.

Der Körperschutzschirm

Eine ganz ähnliche Methode, die wir Ihnen ebenfalls nicht vorenthalten möchten, ist das Visualisieren einen Körperschutzschirms, bestehend aus „gedachter" positiver Energie. Dieser hat den großen Vorteil, dass Sie - falls Sie glauben, mentalen Schutz aufbauen zu müssen - nicht erst irgendwelche Ecken und Linien eines Raumes mental „abfahren" müssen, sondern dass Sie sich diesen „Schirm des Schutzes", wie einen Mantel aus purer Energie „umlegen" können.

Vielleicht stellen Sie sich auch vor, in diesen „Schutzschirm" wie in einen Overall einzusteigen. Probieren Sie einfach verschiedene Varianten aus und wählen Sie jene für sich, die Sie am einfachsten realisieren, oder besser gesagt, visualisieren können.

Nebenbei bemerkt, können Sie diesen mentalen Schutzschirm auch auf Ihren Partner und Ihre Kinder ausdehnen; es ist alles nur eine Frage des Trainings. Wann immer Sie das Gefühl haben, von negativen Einflüssen umgeben zu sein, zögern Sie nicht, all das, was Sie gelernt haben, auch praktisch anzuwenden!

Der Weg ins „Licht"

Eine weitere Alternative, die sich Ihnen bei „Bedarf" bietet, wäre folgende.

Sie „schicken" die Wesen, die Sie belästigen, ins „Licht". Natürlich sollte man hier die Bezeichnung „Licht" nicht allzu wörtlich nehmen. Vielmehr handelt es sich auch hier um eine „leuchtende" Auswirkung positiver Energie. Versuchen Sie bitte einmal, sich vor Ihrem geistigen Auge einen leuchtenden Wirbel aus oben genannter Energie vorzustellen. Sobald Ihnen das so gut gelingt, wie Sie das von Ihren anderen Visualisationen gewohnt sind, projizieren Sie diesen Energiewirbel an eine beliebige Stelle ihres Aufenthaltsortes. Stellen Sie sich nun vor, wie dieser hell leuchtende Wirbel alles, was sich an negativer Energie um Sie herum angesammelt hat (einschließlich negativer Wesen), regelrecht in sich aufsaugt und neutralisiert.

Man „schickt" nicht nur verirrte Seelen in dieses Licht, sondern auch Wesen aus der negativen Seinsebene. Es ist eine sehr gute Methode, um sich solcher Wesen zu „entledigen".

Schlussworte

Das waren also die Beispiele mit den von uns erprobten Schutzvorkehrungen, basierend auf Visualisationen, die nun auch Ihnen, sofern Sie das wünschen, für Ihre Sicherheit zur Verfügung stehen. Mag sein, dass der eine oder andere unter Ihnen vielleicht nicht so recht an die Effektivität solcher Maßnahmen glauben mag, da sie auf rein mentaler Basis wirken und keinerlei materieller Hilfsmittel bedürfen. Es auszuprobieren wird Sie eines Besseren belehren.

Allerdings liegt es uns fern, andere gewaltsam von bestimmten Dingen überzeugen zu wollen. Uns liegt lediglich daran, jenen Menschen unsere über viele Jahre gesammelten Erfahrungen zur „Verfügung" zu stellen, weil wir wissen, dass Aufklärung in diesem speziellen Bereich sehr wichtig ist. Und da wir jener Zunft angehören, die immer dann von anderen Menschen gerufen wird, wenn es darum geht, jene wenig erbaulichen unsichtbaren Begleiter wieder zu entfernen, die man sich durch die eigene Unkenntnis „eingefangen" hat, ist uns nur allzu gut bekannt, was solch ein Geschöpf aus der dunklen Dimension des Seins so alles anrichten kann.

So angenehm und hilfreich der regelmäßige Kontakt zu den spirituellen Führern ist, so unangenehm sind viele jener Kontakte zu Wesen der "etwas anderen Art". Und da man oftmals das Eine nicht ohne das Andere haben kann, weil jenes unsichtbare Tor, das den Weg zur anderen Dimension öffnet, leider auch jene unerfreulichen Wesen wachruft, sahen wir uns veranlasst, Ihnen darüber so viel als möglich zu erzählen, damit Ihnen bewusst ist, auf welchen Pfad Sie sich begeben. Sie sollten sich bitte immer vor Augen halten, dass man es in dieser Seinsebene nicht mit Wesen aus Fleisch und Blut, also mit Wesen aus fester Materie zu tun hat, sondern mit Geschöpfen, deren „Zuhause" die feinstoffliche Ebene des Seins ist. Diese Ebene erreichen wir Menschen nur dann, wenn wir bereit und auch fähig dazu sind, uns der Macht unseres Geistes zu bedienen. Der menschliche Geist verfügt über die noch nicht erforschte Fähigkeit, unsere gedanklichen Vorstellungen auch in die feinstoffliche Ebene zu projizieren. Doch dadurch begegnen wir nicht nur jenen Wesen, die uns wohlgesonnen sind (wie beispielsweise unseren spirituellen Führern), sondern auch jenen Geschöpfen, die uns unter Umständen schaden wollen.

Wo Licht ist, da gibt es auch Schatten. Wo es Gutes gibt, da wird auch das Böse nicht fern sein. Da, wo es freundliche Wesen in der jenseitigen Region gibt, wird man leider auch auf jene treffen, denen man lieber aus dem Weg gehen sollte. Das eine kann ohne das andere nicht existieren. Also auch das Gute nicht ohne das Schlechte.

Sicherlich ist Ihnen, während Sie sich mit diesem Buch beschäftigt haben, noch eine andere Tatsache bewusst geworden, nämlich, dass alles, was Sie hier in Erfahrung gebracht haben, alles, was Sie lernten, natürlich auch etwas mit Magie zu tun hat. Magie beschränkt sich nicht nur darauf, dass man mit allerlei Zaubersprüchen und seltsam anmutenden Symbolen jene Dinge zu erreichen sucht, die man sich vorgenommen hat. Genau betrachtet ist praktisch angewandte Magie keine allzu komplizierte Geschichte, denn man muss in aller erster Linie „nur" lernen, den eigenen Willen zu trainieren und diesen dann gezielt zur Durchsetzung seiner Wünsche einzusetzen. Der menschliche Geist ist zu vielem fähig, er will nur regelmäßig beschäftigt sein. In erster Linie wird das, was man will, im Geist eines jeden von uns geboren und dann erst bedient man sich materieller Hilfsmittel, sofern man diese benötigt, zu ihrer Realisierung. Natürlich gibt es auch einige materielle Hilfsmittel zur „Beseitigung" negativer Wesen und Einflüsse, allerdings sind diese jenen Menschen vorbehalten, die sehr viel weiter in die Welt des Mystischen eingedrungen sind, als wir Ihnen das in diesem Buch vorgestellt haben. Um derartige „Mittel" anzuwenden und das nötige Wissen hierfür zu erwerben, bedarf es vieler Jahre des Lernens und noch mehr Jahre der Geduld.

Es ist leider vollkommen unmöglich (und auch gar nicht sinnvoll), in einem Handbuch wie diesem noch mehr an einschlägigen Informationen unterzubringen, und das war letztendlich auch nicht die Absicht. Wir wollten Ihnen lediglich (in erster Linie) die Möglichkeit einräumen, künftig völlig autark Ihren spirituellen Führer zu kontaktieren, denn das ist die schönste Form der Kommunikation mit der anderen Seite des Seins! Sie werden erfahren, wie viel es Ihnen bringen wird, dieses freundliche Wesen ein wenig „näher" kennen zu lernen, und Sie werden relativ schnell erkennen, wie gut dieser Kontakt für Sie und Ihre Zukunft ist.

Mit diesem Buch wollten wir Ihnen ein wertvolles „Hilfsmittel" zur Verfügung stellen, damit Sie die Möglichkeit zur Verfügung haben, die eigene, teilweise auch einschränkende Bewusstseinsebene zu sprengen und somit einen oder vielleicht sogar mehrere Schritte weiter zu gehen als die meisten Ihrer Mitmenschen, die sich diese Freiheit nicht gewähren. Allein schon die Tatsache, dass Sie sich für unser Buch interessiert haben, beweist, dass Sie zu jenen Menschen gehören, die offen für etwas Neues im Leben sind, etwas Neues, das im Grunde genommen etwas Uraltes ist, das in der heutigen Zeit zum Glück wieder entdeckt wird.

Viel Spaß bei und vor allem viel Erfolg bei Ihrer mentalen Reise in eine andere und hoffentlich für Sie sehr schöne Dimension!

    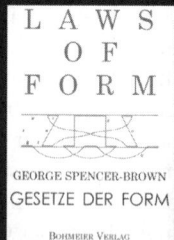